W0381837

→ Chec

Sie möchten auf Ihre Fragen kurze, prägnante und vor allem verlässliche Antworten erhalten. Dieser GU-Kompass bietet Ihnen schnelle Hilfe in allen Situationen, die kein langes Zaudern und Zögern gestatten. Ob unterwegs in der Jackentasche oder immer griffbereit am Arbeitsplatz: Jeder Titel dieser Reihe informiert Sie übersichtlich, aktuell, kompetent und lösungsorientiert.

- Jeder Sachverhalt wird auf einer Doppelseite geklärt. Suchen Sie Ihre Fragestellung, Ihr Stichwort, Ihr Problem im Inhaltsverzeichnis und steigen Sie einfach ein.
- Falls Sie unter großem Zeitdruck stehen und nur das Allernotwendigste nachschlagen möchten, halten Sie sich an das im Inhaltsverzeichnis optisch hervorgehobene „Last-Minute-Programm". Es zeigt Ihnen, worauf Sie keinesfalls verzichten sollten.
- Nutzen Sie den Service-Teil mit seinen ergänzenden Dokumenten sowie weiterführenden Hinweisen zu Büchern und Adressen, um bestimmte Aspekte zu vertiefen.

Gute Manieren sind wieder „in", und dazu gehört insbesondere das souveräne Auftreten rund um Tisch und Tafel. Ob Gedeck-, Besteck- oder Weinkunde, ob Cocktailparty, Bankett oder Empfang, ob zu Hause, im Restaurant oder beim Geschäftsessen, ob Meeresfrüchte, Fleisch oder exotische Früchte – dieser Kompass hilft Ihnen, jede (kulinarische) Herausforderung mit Bravour zu meistern. Zahlreiche Expertentipps, Schritt-für-Schritt-Anleitungen und Illustrationen sorgen dabei für den richtigen Durchblick und lassen keine Frage offen.

Inhalt

→ Last-Minute-Programm

Die wichtigsten Punkte im Überblick!

Die farblich und durch Pfeile → gekennzeichneten Abschnitte bilden das Last-Minute-Programm. Halten Sie sich daran, wenn Sie sich auf das Notwendigste beschränken müssen.

Zu Tisch bitte

Benehmen à la carte

Die hohe Kunst des feinen Essens

Stilsicher feiern

Service

1. Kleine Gedeckkunde

Gastgeber haben bei der Gestaltung eines Tisches einen gewissen kreativen Spielraum. Nutzen Sie diesen, und lassen Sie sich dabei von den Fachleuten in der Gastronomie inspirieren!

Das Gedeck – praktisch und schön

Das schlüssige Bild einer eleganten Tafel kommt durch Präzision und Symmetrie zustande. Der Abstand zwischen einer Tellermitte und der nächsten beträgt 70 bis 80 Zentimeter.
Ein einfaches Gedeck („Couvert“) besteht aus einem Teller, einer Gabel (links), Fleischmesser und Löffel (rechts) sowie einem Dessertbesteck (darüber). Die Serviette liegt in der Regel auf dem Platzteller oder an dessen Stelle. Links von allem befindet sich der Brotteller mit Messer. Rechts oben stehen ein Wein- und ein Wasserglas.

Das einfache Gedeck

Das festliche Gedeck

Für ein Festessen kommen, von innen nach außen eingedeckt und von außen nach innen verwendet, links maximal drei Gabeln auf den Tisch. Die zweite Gabel ist dabei der Abwechslung wegen leicht nach oben verschoben. Rechts sind maximal vier Besteckteile positioniert, darunter je nach Bedarf Fleisch- und Fischmesser, Gourmet- und Suppenlöffel. Reichen diese nicht aus, werden die nötigen Besteckteile mit dem betreffenden Gericht gereicht oder ad hoc eingedeckt.

Der perfekte Platz für das Glas

Ungefähr einen Zentimeter vor der Spitze des zum Hauptgang gehörenden Messers steht das Glas für das Getränk, das Sie zu diesem Gang trinken werden. An diesem so genannten Richtglas orientieren sich die übrigen Gläser. Reichen für ein Menü vier Gläser nicht aus, werden die fehlenden Gläser nachträglich dazugestellt.

Ist an der Tafel genügend Platz, werden die Gläser in einer Reihe wie die Orgelpfeifen, ausgehend vom größten Glas, aufgestellt. Dieses Glas steht dabei ganz links und muss nicht zwingend das Richtglas sein. Bei Platzmangel wird der dreieckigen Blockform der Vorzug gegeben, bei der alle Gläser rechts vom Richtglas stehen. Dabei werden, der Ästhetik folgend, kleinere Gläser vor größere gestellt.

Orgelpfeifen-prinzip

Blockform

2. Welches Besteck wofür?

Das Besteck ist die Verlängerung von Armen und Händen zur anmutigen Aufnahme von Nahrung. Prosaischer kann man den Sinn wohl kaum definieren.

Für den (erweiterten) Normalfall

Die Gastronomie unterscheidet zwischen

- großem Besteck: Es besteht aus Messer und Gabel für Hauptgerichte sowie einem Löffel für Suppen, die im Teller serviert werden.
- Mittelbesteck: Das Mittelbesteck umfasst Messer und Gabel für Vorspeisen und Käse sowie einen kleineren Löffel für Suppen aus der Tasse. Es ist kleiner als das Besteck für den Hauptgang, weil Sie nicht so viel damit arbeiten müssen. Für Vorspeisen ist es eingedeckt; zum Amuse-Gueule wird meist nur eine Gabel gereicht. Steht ein Geschirrteil wie eine Suppentasse oder die Schale eines Krabbencocktails auf einem Unterteller, sind in der Regel auch die zum Verzehr notwendigen Besteckteile dort platziert.
- Fischbesteck: Typisch für ein Fischbesteck sind die stumpfe Schneide des Messers und die im Vergleich zum Fleischbesteck kürzere, breitere Gabel. Zur Abgrenzung auf den ersten Blick sind beim Fischbesteck kleine Einbuchtungen am Rand angebracht.
- Dessertbesteck: Mit dem aus Löffel und Gabel bestehenden Dessertbesteck können Sie weiche und etwas festere Desserts zerteilen. Der Kellner zieht es, wenn es von Beginn an eindeckt war, zu Ihnen hin oder deckt es nach. Müssen Sie selbst Hand anlegen, ziehen Sie, der Position der Griffe entsprechend, den Löffel an die rechte und die Gabel an die linke Seite Ihres Tellers.

- Obstbesteck: Das Obstbesteck ist selten geworden; meist essen wir Früchte aus der Hand. Wo es noch nicht im Besteckkasten verschwunden ist, besteht es aus dem handlichen scharfen Obstmesser und der spitzen Obstgabel.

Wenn es (noch) eleganter wird

Möglicherweise finden Sie in einem eleganten Restaurant einen Gourmetlöffel vor. Das ist ein Zwischending zwischen Fischmesser und Löffel und eine lobenswerte Erfindung von Paul Bocuse und den Brüdern Troisgros, den Begründern der Nouvelle Cuisine. Er wird meist zum Fisch gereicht und mit Speise und Soße zum Mund geführt. Ein Fischmesser erübrigt sich somit. Wird jedoch beispielsweise Fisch mit grünem Spargel serviert, kommen Sie mit dem Gourmetlöffel und seiner stumpfen Kante nicht weit. Wurde vom Service-Personal nicht in weiser Voraussicht für das Gemüse ein Fleischmesser eingedeckt, verlangen Sie eines.

Ein Buttermesser ist kurz und hat eine leicht geschwungene, stumpfe Schneide. Liegt es auf dem Butterschälchen, ist es lediglich dazu gedacht, die Butter damit auf Ihr Brot zu befördern. Aufgetragen wird diese dann mit einem Mittelmesser. Dieses – wie auch das individuelle Brotmesser – liegt auf dem rechten Rand des Brottellers mit der Schneide zum Tellerinneren und wird nach Gebrauch auch genau so dort wieder abgelegt.

Tipp

In landestypischen Lokalen werden Sie möglicherweise mit anderen Spezialwerkzeugen wie diversen Nadeln für bestimmte Muschelsorten konfrontiert. Scheuen Sie sich nicht, Ihren Gastgeber oder einen Kellner um eine fachgerechte Demonstration zu bitten. Es wäre doch zu schade, sich derlei Genüsse entgehen zu lassen.

3. Mit Besteck Zeichen setzen

Die Bestecksprache ist geräuschlos, diskret und effektiv. Während Sie sprechen, legen Sie grundsätzlich Ihr Besteck ab. Bitte dabei nicht Ihre Worte mit Besteck-Gesten unterstreichen!

Der richtige Umgang

Zum Zerteilen von Nahrungsmitteln auf Ihrem Teller halten Sie Gabel und Messer ungefähr in der Mitte des Griffs zwischen Daumen, Zeige- und Mittelfinger. Dabei zeigt der Handrücken nach oben, und der Ellbogen bleibt nah am Oberkörper. Das Messer wird nie zum Mund geführt, die Gabel nur mit der Wölbung nach unten. Keine aufgespießten Stücke mit den Zinken in den Mund schieben. Einen Kaffeelöffel sollten Sie nicht ablecken, das gilt auch für Suppen- und Dessertlöffel. Mehr Freiheiten bietet der Genuss von Käse. Die einen schneiden mit dem Messer Stück für Stück ab und führen diese mit der Gabel zum Mund. Andere teilen von weichem Käse Brocken mit der Gabel ab und essen sie. In beiden Fällen wird das dazugehörige Brot mit der Hand gegessen. Wiederum andere legen die Käsestücke aufs Brot.

Ein Herz für Linkshänder

Beim Eindecken und Service wird auf Linkshänder der Einheitlichkeit des Gesamtbilds wegen keine Rücksicht genommen. Die betroffenen Personen nehmen sich ihr Besteck so, wie sie es brauchen, und sind froh, wenn ihnen – durch die Sitzordnung an der Stirnseite oder am linken Ende einer Tafel – genügend Armfreiheit geboten wird. Linkshänder danken für die Umsicht, indem sie ihr Besteck nach dem Verzehr einer Speise genauso ablegen wie Rechtshänder.

Schluss- und Pausenzeichen

Wenn Sie – weil Sie sprechen, trinken oder Nachservice erwarten – mit dem Essen pausieren, legen Sie Ihr Besteck in der Position ab, die den Uhrzeigern bei circa „zwanzig nach sieben" entspricht. Nie berührt Ihr Besteck, nachdem Sie es einmal aufgenommen haben, die Tischdecke, nicht einmal mit dem Griff.

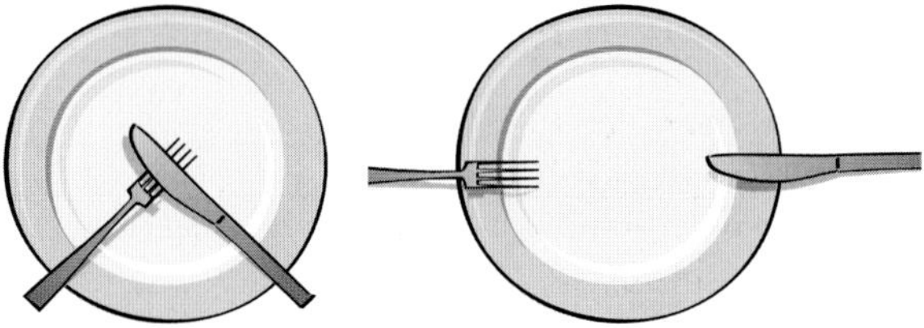

„Ich mache Pause" – links richtig, rechts falsch

Das Schlusszeichen entspricht der Uhrzeit „zwanzig nach vier": das Messer legen Sie rechts von der Gabel ab, die Schneide berührt die Gabel. Wurde nur ein Besteckteil eingedeckt und gebraucht, legen Sie es rechts unten ab; haben Sie drei benutzt, liegen dort alle parallel, der Gourmet- oder Soßenlöffel rechts außen. Einen Suppenlöffel legen Sie in den Suppenteller, bei Suppentassen auf den Unterteller. Die Gastgeberin legt als Letzte ihr Besteck in die Schlussposition, danach darf abgeräumt werden.

„Ich bin fertig" – Variante ohne und mit Gourmetlöffel

4. Spezialwerkzeuge von A bis Z

Wie der Handwerker eine Schraube mit dem Schraubenzieher und nicht mit der Nagelfeile löst, weiß der Gourmet, mit welchem Sonderbesteck er welchem Naturprodukt am besten Herr wird.

Gesund: Austern

Kurz wie eine Kuchengabel, doch deutlich stabiler und mit drei kurzen Zacken ausgestattet: die Austerngabel (→ 27. Austern, Muscheln und Schnecken).

Raffiniert: Gourmetlöffel

Der Gourmetlöffel ist von seinen Erfindern als Soßenlöffel gedacht. Viele benutzen ihn heute jedoch auch zum Zerteilen von Fischfilet – und für weiche Desserts.

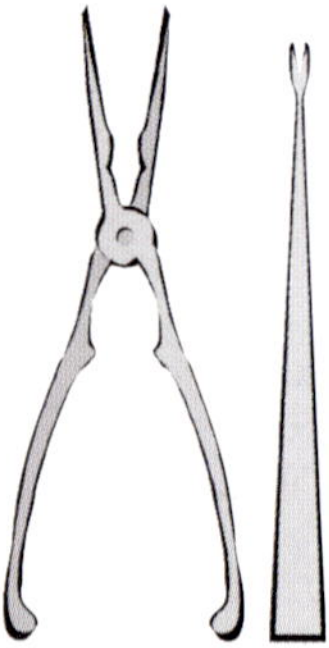

Köstlich: Hummer

Die kräftige Hummerzange ist zum Knacken der harten Hummerscheren gut. Die Hummernadel ist lang und schmal, damit Sie das kostbare Fleisch aus den Scheren ziehen können. Ihre zwei stabilen Zacken können auch beim Entfernen des Fleisches aus dem Schwanz helfen. Versuchen Sie jedoch nicht, mit der Hummernadel das Fleisch aus den Beinen zu ziehen (→ 28. Für Panzerknacker: Krustentiere).

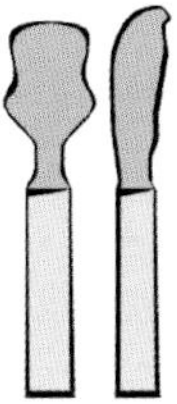

Edel: Kaviar

Kaviarmesser und Kaviarschaufel sind noch exklusiver als Kaviar selbst und werden deshalb leider oft durch Edelstahlbesteck ersetzt. Die echten Exemplare sind jedoch aus Perlmutt oder Horn, um jegliche Geschmacksveränderung der kostbaren Störeier auszuschließen. Nehmen Sie sich mit der Schaufel etwas Kaviar auf Ihren Teller und verteilen Sie ihn dann mit dem Messer auf dem Toast.

Kräftig: Krebse

Fluss- und Bachkrebse sind – äußerlich – hart und verlangen deshalb nach einem stabilen Werkzeug. Mit dem Messer und dem Loch darin knacken Sie die diversen gepanzerten Elemente. Die Gabel ist kurz wie die Austerngabel, hat aber nur zwei Zacken, mit denen Sie das Krebsfleisch aus dem geknackten Panzer ziehen. Vorsicht: Spritzgefahr! Deshalb sind Sie mit einer großen Serviette oder einem Latz gut bedient.

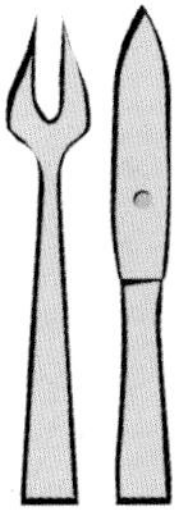

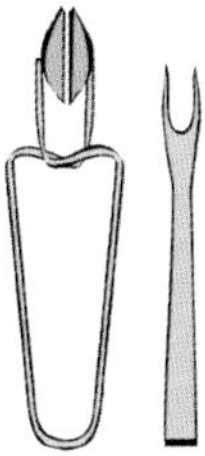

Französisch: Weinbergschnecken

Schneckenzange und -gabel brauchen Sie nur, wenn die Tiere im Schneckenhaus gereicht werden. Der zarten Zange ist anzusehen: Sie ist nicht etwa zum Knacken, sondern vielmehr zum Halten des Häuschens gedacht. Auch die Schneckengabel hat zwei Zacken und ist der Anatomie der Schnecke entsprechend feiner als andere Spezialgabeln. Der Suppenlöffel, den Sie zum Auffangen der Kräuterbutter auf alle Fälle brauchen, gilt nicht als Teil des Spezialbestecks.

5. Prosit – der Gebrauch von Gläsern

Form, Volumen, Material und Dicke eines Gefäßes tragen wesentlich zum Geschmack seines Inhalts bei. Entsprechend kommt ein guter Wein in einem passenden Glas besonders zur Geltung.

Eines für alle?

In einem hervorragenden Lokal bekommen Sie zu jeder Weinsorte das passende Glas, für Riesling, Chardonnay, Rosé, Burgunder, Bordeaux usw. Je mehr Körper ein Wein hat, desto mehr sollte er atmen können, desto voluminöser sollte also das Glas sein. Da der Rosé kühl serviert und getrunken wird, können Sie ihn gut aus einem Weißweinglas trinken, nie jedoch aus einem Rotweinglas.
Ein Bistro oder ein Gasthaus verfügt meist über zwei Varianten von Mehrzweckgläsern. Bestellen Sie Weißwein und Wasser, wird das Wasser in das größere Glas eingeschenkt, damit der Weißwein im kleineren Glas länger kühl bleibt. Bestellen Sie Rotwein und Wasser, werden die Gläser getauscht: Der Rote ist kräftiger und kommt ins große Glas, das Wasser ins kleinere. So können Sie das auch zu Hause handhaben, wenn Sie sich nicht gleich eine ganze Gläser-Kollektion zulegen wollen. Bei einer Studie mit Blindverkostungen hat die bauchige Eiform mit einer Öffnungsweite von sechs bis sieben Zentimetern am besten abgeschnitten.
Je mehr guten Wein Sie trinken, desto höhere Ansprüche werden Sie aber an das Glas stellen. Wenn Sie bei einer Weinsorte bleiben, reicht eine – hochwertige – Glasform. Als Generalist haben Sie ein Bordeauxglas, einen Burgunderpokal, ein Roséglas und ein Weißweinglas im Schrank (gemäß der Abbildung rechts).

Bordeauxglas *Burgunderpokal* *Roséglas* *Weißweinglas*

Ein Tipp: Bewahren Sie Ihre Gläser grundsätzlich stehend auf. Es ist leichter, vor dem Benutzen Staub zu entfernen als ein geruchsintensives Holzpflegemittel!

Zum Wohle!

Es ist immer elegant und ein Zeichen von Expertise gewesen, ein Weinglas am Stiel anzufassen, damit Ihre Körpertemperatur den Glasinhalt nicht unangemessen erwärmt. Schließlich soll der Wein in exakt der Temperatur getrunken werden, in der er serviert wird. Eine Ausnahme bildet die Weinprobe, bei der Sie das Glas kräftig bewegen müssen; hierzu greifen Sie das Glas am Sockel.

Es ist nie elegant gewesen, Gläser zum Beginn des Trinkens aneinander zu stoßen. Eine Ausnahme bleiben besondere Ereignisse wie Gratulationen. Weiterhin elegant ist, wenn Sie als Gastgeber beim ersten Wein am Tisch und bei jedem anschließenden Weinwechsel Ihr Glas erheben und ein „Zum Wohl" wünschen. Alle Beteiligten schauen in die Runde, alle trinken, alle schauen erneut in die Runde, alle setzen ihre Gläser ab. Keine Ausnahme. Linkshänder nehmen ihre Gläser rechts auf und dürfen sie links abstellen.

6. Praktische Helfer: Servietten

Das Mundtuch ist ein dreifach dienstbares Instrument: Bei sachgemäßer Anwendung reinigt es die Lippen, schützt die Kleidung und ist Signalgeber für Anfang und Ende einer Mahlzeit.

Reinlich speisen leicht gemacht

„Es kann losgehen!" Das brauchen Sie im Lokal niemandem zuzurufen, legen Sie einfach Ihre Serviette auf den Schoß: bei einem À-la-carte-Essen, sobald die Speisekarten eingesammelt wurden, bei einem vorbestellten (Bankett-)Essen, wenn alle Gäste Platz genommen haben. Streng genommen gibt die Gastgeberin das Signal, und die Gäste sowie der Gastgeber folgen ihr dabei. Im informellen Rahmen macht der den Anfang, der sich dazu berechtigt sieht. In manchen Gourmet-Restaurants ist es üblich, dass der Oberkellner von sich aus den Beginn und das Ende der Mahlzeit markiert: Er breitet eigenhändig Ihre Serviette auf Ihrem Schoß aus und entfernt sie von dort auch wieder.
Legen Sie die Serviette, in der Mitte oder aber im Verhältnis zwei Drittel–ein Drittel gefaltet, auf Ihre Oberschenkel. Die Falte liegt dabei in Richtung Knie, die Öffnung weist zu Ihrem Oberkörper, so dass Sie Ihre Lippen in die Klappe hinein abtupfen können, ohne dass Spuren sichtbar würden. Ob Stoff- oder Papierserviette – sie bleibt die gesamte Mahlzeit über auf dem Schoß.
Vorsichtige – oder ganz mutige? – Esser fixieren zum Schutz von Krawatte und Revers, Bluse oder Kleid ihre Mundserviette am Kragen. Dieses Vorgehen sollte jedoch auf das Krebsessen beschränkt bleiben. Über den Einsatz bei sehr jungen und sehr alten Personen sehen Betrachter gnädig hinweg.

Bis zum Schluss

Bevor Sie zum Glas greifen, tupfen Sie jeweils Ihre Lippen ab. So vermeiden Sie hässliche Spuren auf dem Glas und geschmackliche Übertragungen von einem Gang zum anderen. Wer elegant speist, tupft die vom Trinken angefeuchteten Lippen erneut ab, bevor er wieder zum Besteck greift.
Im Freundeskreis kann eine Frau zwischen den Gängen den Lippenstift aus der Tasche holen und sich die Lippen nachschminken. Weiter gehende Restaurierungsmaßnahmen sind jedoch verpönt. In einem gesellschaftlichen oder offiziellen Umfeld gilt das bereits für die Lippenpflege.
Damit der Service ungehindert vonstatten gehen kann, legen Sie Ihre Serviette nie in der Mitte des Gedecks ab. Müssen Sie ausnahmsweise den Tisch zwischen zwei Gängen verlassen, deponieren Sie Ihre Serviette links neben Ihrem Teller; steht da noch der Brotteller, suchen Sie rechts einen Platz. Die aus den USA stammende Variante, die Serviette auf den Stuhl zu legen, wird bei uns als unhygienisch betrachtet.
Das baldige Ende einer Mahlzeit – das ist der Fall, nachdem der Kaffee gereicht wurde – signalisiert die Gastgeberin, indem sie ihre Serviette auf den Tisch legt. Die Kellner sammeln die benutzten Mundtücher ein. Papierservietten wurden früher auf dem Teller, notfalls auch auf den Resten, abgelegt. Heute wird sie jedoch genauso behandelt wie eine Stoffserviette.

Tipp

Eine auf den Boden gefallene Serviette sollten Sie aus hygienischen Gründen nicht wieder verwenden. Im Nobelrestaurant hebt ein aufmerksamer Service-Mitarbeiter sie umgehend auf und bringt Ihnen eine neue, im Gasthaus bitten Sie darum. Sie können dann dem Kellner die alte Serviette in die Hand drücken.

7. Setzen, sitzen, stehen

Der Gastgeber begleitet zuerst den weiblichen Ehrengast an die Tafel, danach gehen die männlichen Gäste mit ihren Tischdamen an ihre Plätze, schließlich kommt die Gastgeberin mit dem männlichen Ehrengast.

Auf die Plätze

So protokollarisch korrekt wie bei einem offiziellen Bankett geht es bei den wenigsten Gesellschaften zu. Dennoch sind selbst hier die Gäste dankbar für eine klare Ansage zum „Wer wann wohin". Im heimischen Umfeld geleiten Sie als Gastgeber die Gäste ins Esszimmer, im Restaurant werden alle vom Oberkellner an den Tisch geleitet. Dort weisen Sie ein. Der Wortlaut sollte dabei dem Rahmen entsprechen und auch dem Sprachniveau, das Sie im Umgang mit den jeweiligen Personen üblicherweise verwenden. Sehr elegant: „Meine Damen und Herren, erlauben Sie mir, Sie zu platzieren. Herr Lehmann, würden Sie Ihre Tischdame Frau Kurz bitte an den Platz am Fenster geleiten?" Weniger förmlich: „Frau Kurz, ist es Ihnen recht, wenn ich Sie bitte, dort am Fenster Platz zu nehmen?" Im informellen Umfeld – wenn zahlende und eingeladene Gäste noch nicht als solche feststehen – oder im Dorfgasthaus verhandeln die Beteiligten über die Zuteilung der Plätze. Selbst hier wählt niemand eigenmächtig seinen Platz aus, niemals setzt sich jemand einfach hin. Genau genommen sitzt ein Herr nicht, solange eine Dame steht, und ein Gastgeber nicht, solange seine Gäste noch nicht Platz genommen haben. Weder für Ihre Handtasche noch für Handy, Schlüsselbund und Brillenetui ist die Tischdecke der richtige Platz. Was nicht in Kleidungstaschen verschwinden kann, gehört auf den Stuhl und notfalls auf den Boden.

Keine Chance für Ellenbogen

Dass Sie sich bei Tisch gerade halten sollen, dass Sie das Essen zum Mund führen und nicht umgekehrt, dass Ihre Ellenbogen auf dem Tischtuch nichts zu suchen haben und dass Sie sich Dinge außerhalb Ihrer Reichweite von Ihrer Nachbarschaft geben lassen, haben Sie wahrscheinlich zu Hause mehr als einmal gehört. Dem sei hinzugefügt: Eine gerade Sitzhaltung – beide Füße auf dem Boden, die Arme locker am Körper angewinkelt – sieht nicht nur souverän aus, sie ist auch ergonomisch ideal. Sie brauchen Ihren Kindern aber nicht gleich Bücher unter die Achseln zu klemmen, um sie an die korrekte Haltung zu gewöhnen. Es reicht, wenn Sie ihnen folgendes Bild vor Augen führen: „Sitze bei Tisch so, dass auf deinem Schoß eine Katze Platz hätte und zwischen deinem Rücken und der Lehne eine Maus." Dann können Sie bei Regelverstößen auf Ermahnungen verzichten und stattdessen locker fragen: „Was macht das Kätzchen gerade?" Erwachsene sitzen so übrigens ebenfalls richtig.
Müssen Sie den Tisch verlassen, kündigen Sie das an: „Sie entschuldigen mich bitte!" In sehr formellen Kreisen erheben sich alle Herren an der Tafel, wenn eine Dame geht und zurückkommt, in halbwegs formellen Kreisen tun das nur die Herren rechts und links von ihr.

Tipp

Nicht im Einsatz befindliche Hände gehören in Kontinentaleuropa auf den Tisch. Halten Sie nur rechts ein Besteckteil, bleibt die linke Hand dennoch sichtbar. In Großbritannien und den USA gilt das als unfein. Hier wird die freie Hand auf dem Oberschenkel geparkt. In gelockerter Atmosphäre lassen Sie zwischen den Gängen sogar bei uns die eine oder andere Hand einmal im Schoß ruhen.

8. Pannenhilfe: Mit Stäbchen essen

Mit Stäbchen zu essen ist mehr als eine nette Geste. Es demonstriert Geschick, Würde und die Flexibilität im Umgang mit anderen Kulturen.

Sie können – und sollten – alles mit den Stäbchen essen, sogar Ihre Suppeneinlage. Ihre Finger kommen außer bei Sushi nicht in den Kontakt mit Speisen. Es ist tabu, Stäbchen als Spieße zu benutzen oder damit zu gestikulieren.

Stäbchen fest im Griff

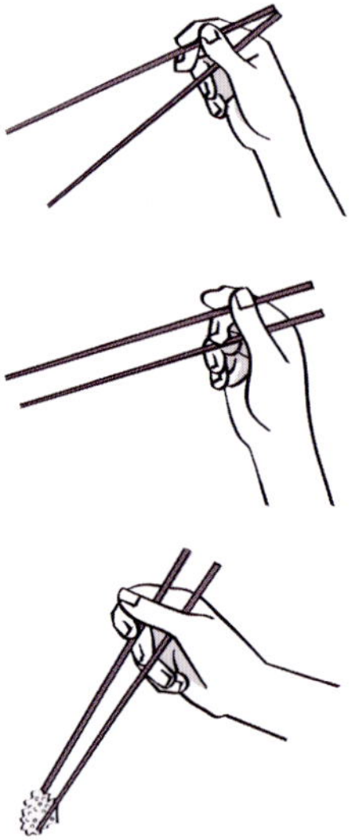

1. Schritt: Trennen Sie die Stäbchen (über Ihrem Schoß) und reiben Sie die Enden aneinander, um etwaige Splitter abzustreifen. Dann nehmen Sie beide Stäbchen gleichzeitig mit der rechten Hand auf; die Spitzen zeigen zur Speise – niemals auf eine Person! –, die Enden ruhen im Winkel zwischen Daumen und Zeigefinger.

2. Schritt: Sie halten das untere Stäbchen am hinteren Drittel mit Daumen und Mittelfinger. Nun bewegen Sie das obere Stäbchen zwischen Ihrem ersten Zeigefingerglied und Ihrem Daumen auf und ab.

3. Schritt: Sie nehmen Ihre Speisen auf, indem Sie die Hand im Uhrzeigersinn drehen; der Ellbogen zeigt nach außen.

Nehmen Sie mit Ihren Stäbchen nie Speisen von gemeinsamen Platten. Liegen keine Löffel bereit, greifen Sie mit dem Ende Ihrer Stäbchen zu.
Zum Ende der Mahlzeit hinterlassen Sie ein leeres Reisschälchen und auf dem Teller einen kleinen Speiserest. Die Stäbchen legen Sie parallel ab. Niemals kreuzen, getrennt ablegen oder aufrecht in die Reisschale stellen.

Gut zu wissen

- Entgegen aller in Europa kolportierten Gerüchte sind Schlürfen und Rülpsen erlaubt, aber kein Muss und in eleganten Kreisen unüblich.
- Chinesen, Japaner, Koreaner und Vietnamesen essen mit Stäbchen, Thais und Indonesier normalerweise nicht. Sie nehmen Löffel und Gabel.
- Das feuchte Tuch, das man Ihnen zu Beginn der Mahlzeit überreicht, ist ausschließlich zum Reinigen der Hände gedacht, nicht zum Abwischen des Gesichts.
- Reis wird weder mit anderen Speisen noch mit Soße gemischt, er ist zum Neutralisieren gedacht.
- Naseputzen bei Tisch ist ein grober Fauxpas. Ziehen Sie hoch, solange Sie können, verlassen Sie zum Schnäuzen den Raum.
- Der Gastgeber bestellt für seine Gäste und bedient den Ehrengast. Kein Gast bedient sich vorher, kein Gast beendet seine Mahlzeit, solange der Ehrengast noch isst. Er entscheidet auch, ob am Tisch geraucht wird oder nicht.
- Getränke werden großzügig nachgeschenkt. Werden Sie von Ihrem Nachbarn bedient, erweisen Sie ihm umgekehrt die gleiche Ehre.
- Gäste loben in Tischreden und Toasts nicht nur die Speisen und Getränke, sondern die Gastfreundschaft insgesamt und die guten Beziehungen.
- Misstrauen gegenüber bestimmten Speisen oder gar Ablehnung wären grobe Regelverstöße. Lehnen Sie nie eine Speise ab. Probieren Sie wenigstens ein bisschen.

9. Anzug oder Jeans? – die Kleiderordnung

Betrachten Sie den Kleidungsvermerk auf einer Einladungskarte als Einschränkung? Schade! Denn der Gastgeber will damit dem Gast Unterstützung bei der Frage „Was ziehe ich bloß an?" bieten.

Genau wie manch anderer Code verschlüsselt auch der Dress-Code die eigentliche Nachricht. Für Eingeweihte ist so immer erkennbar, ob das Gegenüber ihn kennt und „dazugehört".

Für gesellschaftliche Anlässe

Dunkler Anzug: Der Herr trägt einen dunkelblauen oder anthrazitfarbenen Anzug mit hellem, ungemustertem Hemd, eine dezente Krawatte, schwarze Schnürschuhe aus Glattleder mit Ledersohle. Die Dame trägt ein elegantes, durchaus auch farbiges, jedoch nicht langes Kleid beziehungsweise einen stilvollen Hosenanzug, feine Schuhe und Strümpfe, dezenten Schmuck sowie eine kleine Tasche.

Gesellschaftsanzug/black tie/cravate noire: Dieser Hinweis bedeutet für den Herrn: Smoking mit oder ohne Kummerbund (Schärpe), Smokinghemd, schwarzer (nicht farbiger!) Querbinder, schwarze Schnürschuhe aus Glattleder mit Ledersohle oder Lackslippers. Für die Dame: ein kleines Abendkleid, das Knie umspielend oder lang, elegante Schuhe, Strümpfe, Schmuck und eine kleine Tasche, keine Uhr.

Großer Gesellschaftsanzug/white tie/cravate blanche: Für den Herrn heißt das Frack mit Weste, Frackhemd und weißem Querbinder, schwarze Schnürschuhe aus Glattleder mit Ledersohle. Die Dame trägt die große, lange Abendrobe mit Stola zum Bedecken der Schultern während des Essens, elegante Schuhe, Strümpfe, Schmuck und eine kleine Tasche, keine Uhr.

Weniger offizielle Anlässe

Keine Angabe/Business-Kleidung: Der Herr trägt einen Anzug mit Langarmhemd und Krawatte, dazu einen passenden Schnürschuh aus Glattleder mit Ledersohle. Die Dame erscheint in einem dezenten Kostüm oder Hosenanzug, selbstverständlich mit Strümpfen sowie elegantem Schuhwerk.
Casual: Der Herr entscheidet sich für Stoffhose, Stoff- oder Polohemd und Jacke, lässige Schuhe, alles am besten in warmen Farben. Keine Jeans, kein T-Shirt. Die Dame wählt Rock oder Hose (keine Jeans), Bluse, Polo- oder T-Shirt und Jacke, bequeme Schuhe. Farben: warm.
Business casual: Als Mittelding zwischen „Business“ und „casual“ ist hier ein gelockertes Business-Outfit angesagt. Das heißt Anzug/Kostüm, doch für den Herrn ohne Krawatte und für die Dame bequemere oder auffälligere Schuhe und Accessoires als am Tag.

Unscharfe oder fehlende Angaben

In beiden Fällen können Sie beim Gastgeber mündlich oder per E-Mail nachhaken: „Welches Bild von Ihren Gästen haben Sie im Kopf? Wie ziehen Sie sich selbst an?“ Oder Sie leiten die entsprechenden Hinweise aus Art und Ort der Veranstaltung ab. Als Faustregel gilt: Können Sie Anlass, Ort und Gästeschar nicht klar identifizieren, ist es leichter, vor Ort Jackett und Krawatte abzulegen, als sich welche zu borgen.

Tipp

Sie haben sich in der Kleiderwahl vergriffen und keine Gelegenheit, sich umzuziehen? Fragen Sie die Gastgeber, was Sie tun sollen. Wenn die sich an Ihrer Aufmachung nicht stören, bleiben Sie und verzichten auf jede Rechtfertigung anderen Gästen gegenüber. Andernfalls gehen Sie nach Hause.

10. Bitte pünktlich: Zeiten für Gäste

Als pünktlich gilt nach internationalen Standards ein Flug, der 15 Minuten nach der angegebenen Abflugzeit startet. Im Binnenverhältnis zwischen Gastgebern und Gästen gilt diese Kulanz nicht.

Wann treffen Sie ein?

Pünktlichkeit ist die Höflichkeit der Könige: Sind Sie für 19 Uhr eingeladen, stehen Sie zwischen 19 Uhr und 19.05 Uhr an der Tür – ob im Privathaushalt oder im Restaurant.
Als Gastgeber kalkulieren Sie in verkehrstechnisch unüberschaubaren Großstädten und bei Eltern von Kleinkindern ein geringfügig verspätetes Eintreffen Ihrer Gäste ein. Servieren Sie einen Aperitif im Stehen, gehen Sie erst nach Eintreffen aller Gäste zu Tisch.
Müssen Sie Ihre Anwesenheit kurzfristig absagen, teilen Sie Ihren Gastgebern mündlich Ihren – gleichermaßen wahren und triftigen – Grund und Ihr Bedauern mit. Schicken Sie a) zum Trost einen Blumenstrauß oder eine Flasche Wein und b) zur Festigung Ihrer Beziehung eine Gegeneinladung.

Spielräume

Im akademischen Umfeld bedeutet „cum tempore“ (c. t.), dass die Vorlesung, das Seminar ... präzise 15 Minuten nach der Zeitangabe beginnt. Bei „sine tempore“ (s. t.) ist die Zugabe ausgeschlossen. Da ein Essen oder ein Cocktailempfang keine akademische Veranstaltung ist, ist bei einer Verspätung der Verweis auf „das akademische Viertel“ deplatziert. Rufen Sie bei einer Verzögerung Ihre Gastgeber an, gegebenenfalls im Restaurant. Sind Sie in einen größeren Kreis gebeten, bieten Sie an, dass man ohne Sie beginnt.

Bei Empfängen lesen Sie häufig „von ... bis ...“-Angaben. Hier wird mit Ihrer Anwesenheit von zirka einer Stunde in diesem Zeitabschnitt gerechnet. Reden werden in der Kernzeit gehalten. Es würde einen äußerst schlechten Eindruck machen, wenn Sie vor, während oder unmittelbar nach der Rede die Veranstaltung verließen. Planen Sie Ihren Aufenthalt lieber großzügig um diese Kernzeit herum. Allzu lange bleiben geht allerdings auch nicht, es sei denn, Sie sind zum Aufräumen eingeteilt worden.
Andere Länder, andere Zeiten: Abendeinladungen beginnen in Deutschland und den angrenzenden Ländern meist zwischen 19 und 20 Uhr und zur angegebenen Zeit, in südlichen Ländern erheblich später und oft eine halbe Stunde nach der angegebenen Zeit. Fragen Sie nach den Erwartungen.

Verabschieden Sie sich

„An Zeit fehlt es uns vor allem dort, wo es uns am Wollen fehlt.“ Das könnte Ihr Gastgeber genauso wie der Volksmund sehen, wenn Sie sich vorzeitig aus einer Tischrunde verabschieden. Im offiziellen Rahmen verlässt kein Gast vor dem Ehrengast die Tafel, andernorts dürfen Sie sich eine halbe Stunde nach dem Kaffee auf den Heimweg machen. Müssen Sie zu einem bestimmten Zeitpunkt die Veranstaltung verlassen, teilen Sie dies Ihrem Gastgeber vorher mit. Er sollte Sie dann so platzieren, dass Sie sich verabschieden können, ohne zu stören und ohne eine Lücke in der Sitzordnung zu hinterlassen.

Tipp

Sie möchten einem Jubilar gratulieren, sind aber nicht eingeladen? Finden Sie heraus, wann Ihr kurzer Besuch genehm ist. Oft ist das gegen 11 Uhr der Fall, oft am Vortag oder am Tag danach. Betreten Sie nur auf wiederholte Aufforderung hin das Haus.

11. Treten Sie ruhig ein

Die ersten Gäste warten noch im Flur, während die nächsten bereits an der Haustür klingeln – was für Gastgeber eine logistische Knobelei darstellt, ist für Gäste eine kommunikative Herausforderung.

Kontaktaufnahme als Gast

Machen Sie es sich nicht so schwer: Der Gastgeber kümmert sich nicht um Sie? Er traut Ihnen zu, dass Sie selbst klarkommen. Gehen Sie auf eine Gruppe der bereits Anwesenden zu, grüßen Sie sie, stellen Sie wenn nötig sich und gegebenenfalls Ihre Begleitung mit Vor- und Nachnamen vor. Eine oder einer aus dem Kreis sollte Ihnen nun die Hand reichen. Fehlanzeige? Begrüßen Sie die Ihnen am nächsten stehende Person und gehen Sie dann der Reihe nach vor.
Nur im betrieblichen Kontext treten Sie zuerst auf den Chef zu und nur im förmlichen Umfeld gehen Sie auf eine Ihnen bekannte Person zu in der Hoffnung, dass diese Sie den anderen vorstellt. An die älteste Person wenden Sie sich nur bei einem erheblichen Altersunterschied zwischen einer und allen anderen anwesenden Personen. Auch wenden Sie das Prinzip „Lady first" nur an, wenn alle gleich wichtig, Ihnen bekannt und in etwa gleich alt sind sowie im ungefähr gleichen Abstand zu Ihnen stehen.

Die Pflicht des Gastgebers

Für Sie als Gastgeber ist es nahezu unmöglich, all Ihren Pflichten gleichzeitig nachzukommen – aber Sie können es Ihren Gästen dennoch leicht machen. Bitten Sie eine gute Freundin beziehungsweise einen guten Freund, an Ihrer Stelle die Gäste an der Tür zu empfangen und an Sie im Festraum weiterzuleiten – oder umgekehrt. Bei der Vorstellung beachten Sie folgende Punkte:

1. Gastgeber werden als Erste über die ankommenden Gäste aufgeklärt. Laden Sie Ihre Geschäftspartnerin zu sich ein, die Ihren Mann noch nicht kennt, sagen Sie: „Jürgen, das ist Frau Meier. Frau Meier, das ist mein Mann."
2. Anwesende Gäste haben Vorrang. Sie erfahren zuerst, wer da kommt, danach werden die Ankommenden über die Identität der bereits Anwesenden informiert.
3. Im Verlauf der Veranstaltung gestaltet sich das Recht auf Wissensvorsprung entsprechend, stets darf sich die zuerst informierte Person als die wichtigere fühlen. Deshalb wird im beruflichen Umfeld als Erste die ranghöhere Person informiert. Führen Sie im privaten oder gesellschaftlichen Umfeld eine ältere und eine wesentlich jüngere Person zusammen, wird zunächst die ältere informiert, dann die jüngere. Eine Dame erfährt zuerst, wer der bis dato unbekannte Herr ist, dann umgekehrt. Und Externen wird Priorität vor Internen eingeräumt. Führen Sie also Ihre Chefin und Ihre Schwester zusammen, wird die Chefin zuerst informiert, dann Ihre Schwester.
4. Liefern Sie bei der Vorstellung möglichst auch einen Gesprächseinstieg mit, zum Beispiel ein gemeinsames Hobby.

Tipp

Sie beginnen korrekt mit Begrüßung oder Vorstellung, da streckt einer die Hand zu früh aus, ein anderer duzt Sie spontan, nachdem Sie ihn per Sie begrüßt haben. Atmen Sie tief durch und bedenken Sie: Was Sie nicht verschuldet haben, braucht Ihnen nicht peinlich zu sein. Und selbst wenn Sie doch ein Missgeschick produziert hätten: Wer zügig agiert, kommt besser an als jemand, der sein Handeln wortreich rechtfertigt.

12. Nehmen Sie doch bitte Platz

Beim „Dinner for one" ist alles ganz leicht: Miss Sophie sitzt an der Stirnseite des Tisches und hat so die Aktivitäten des Butlers James zwar nicht im Griff, aber doch im Blick.

Gute Plätze, schlechte Plätze

Im Freundeskreis und bei offiziellen Anlässen gebühren den wichtigsten Gästen die Plätze rechts von den Gastgebern: „Links ehrt rechts". Neben der Seite werden auch die Nähe zum Gastgeber sowie die Gelegenheit zum Überblick über das Gesamtgeschehen positiv bewertet – bewusst oder unbewusst.

Platzierungsmerkmale im Überblick

- Gastgeber und Gastgeberin sitzen sich gegenüber, nur Braut- und andere Jubelpaare sitzen nebeneinander.
- Bei einer festlichen Tafel sind die zentralen Plätze der Längsseiten für die Gastgeber gedacht. An kleineren Tischen sitzen sie, den örtlichen Notwendigkeiten folgend, zum Beispiel an der Kopfseite vor der Küchentür.
- Bei privaten und offiziellen Anlässen wird auf die Abwechslung von Herren und Damen geachtet. Dabei ist die Dame rechts von einem Herrn als Tischdame seiner Obhut anvertraut.
- Ehepartner sollten sich sehen können, aber die Gelegenheit haben, mit unterschiedlichen Nachbarn zu kommunizieren. Das regt den munteren Austausch im Gespräch an.
- Bei geschäftlichen Anlässen sitzen die Personen nach funktionalen Gesichtspunkten zusammen.
- Bei privaten Essen mischen Sie Ihre Gäste nach derer Vorzügen und Vorlieben.

- Als Gastgeber weisen Sie Ihre Gäste stets ein. Als Gast warten Sie immer auf zwei Signale: 1. an welchen Platz Sie sich begeben sollen und 2. wann Sie sich setzen sollen.

Zum Beispiel ...

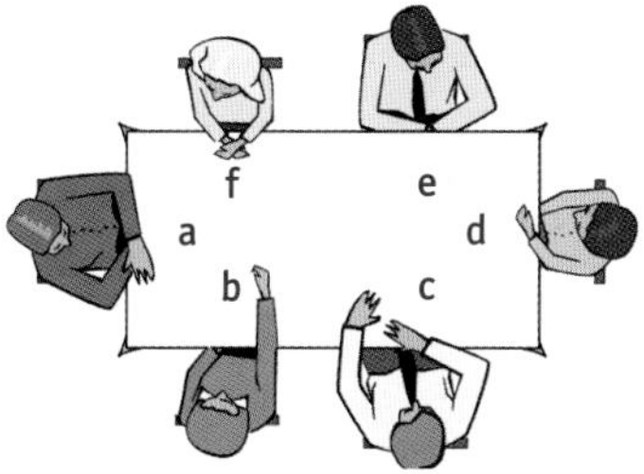

Ein Paar (a/d) lädt zwei befreundete Paare (b/e und c/f) ein. Der Gastgeber (a) und die Gastgeberin (d) sitzen an den Stirnseiten. Zur rechten und zur linken Hand des Gastgebers sitzen die beiden weiblichen Gäste (b und f). Die Gastgeberin wird von den beiden Herren umrahmt (c und e) und zwar so, dass diese neben der Frau eines anderen Gastes sitzen.

Hier sind Geschäftspartner um einen Tisch versammelt, der mit einer Kopfseite am Fenster steht. Das Geschlecht der Personen ist unerheblich, die Platzierung dient dem geschäftlichen Zweck. Darum sitzen der Einladende und seine Mitarbeiterin (a und c) diagonal und so, dass sie jeweils den für sie wichtigen Gast (b und d) zu ihrer Rechten haben.

13. Zum „Aufwärmen": der Aperitif

Mediziner raten nicht unbedingt dazu, während des Essens zu trinken. Sie empfehlen jedoch, durch ein Getränk vor dem Essen die Verdauung anzuregen. Diesen Rat beherzigen auch Ihre Gäste gern.

Was trinken Sie wann?

Zum Einstieg in ein Essen ist ein gekühltes, kohlensäurehaltiges Getränk ideal. Deutscher Sekt, Crémant aus dem Elsass, spanischer Cava, aus der Prosecco-Traube gewonnener Frizzante oder ein kostbarer Jahrgangs-Champagner – das ist oft eine Preisfrage. Als Alternativen nicht nur für Autofahrer bieten sich frisch gepresster Orangensaft, eine alkoholfreie Caipirinha oder ein Sanbitter an. Da die Süße von Säften die Geschmacksnerven überreizen würde, sollten Sie diese mit Zitrone oder Sprudelwasser spritzen. Harte Alkoholika wie Whisky, Rum oder Wodka sind für Longdrinks geeignet. Ebenfalls passend sind ein leichter Weißwein, Campari Soda, ein trockener Port beziehungsweise Sherry oder – obwohl genau genommen kein Aperitif! – ein frisches Pils vom Fass.
Am Tisch oder im kleinen Kreis trinken Sie erst, wenn alle mit einem Getränk versorgt sind; Gäste warten auf die Aufforderung durch den Gastgeber. Bei Empfängen dürfen Sie, sobald Sie bedient wurden, in der Mini-Runde oder notfalls allein genießen. Trinken Sie aber nicht zu schnell, es wäre peinlich, bei der offiziellen Begrüßung durch den Gastgeber ein (fast) leeres Glas zu heben!
Stehen auf Bistrotischen Aschenbecher und Knabbereien bereit, darf geraucht und zugegriffen werden. Bedienen Sie sich aber nicht unaufgefordert von einem Büfett oder von am Service-Tresen bereitgestellten Tabletts.

Ein paar Worte zur Begrüßung

Zu welchem Anlass Sie auch eingeladen haben, eine kleine Ansprache schafft immer den passenden Rahmen.

- Treten Sie bei größeren Gruppen an eine zentrale, gut einsehbare Stelle. In einer kleineren Tischrunde können Sie sitzen bleiben.
- Konzentrieren Sie mit einem Blick in die Runde die Aufmerksamkeit auf sich. Nicht mit dem Messer ans Glas klopfen!
- Sprechen Sie mit fester Stimme. Lassen Sie sich nicht von Gästen irritieren, die noch tuscheln.
- Würdigen Sie die Gäste und den Anlass: „Ich danke euch, dass ihr mit mir meinen 56. Geburtstag feiert." Haben Sie Ehrengäste geladen, nennen Sie diese in einer Reihenfolge, die von den Anwesenden als angemessen betrachtet wird. Reihen Sie dabei aber nicht nur die Namen aneinander, sondern übermitteln Sie jedem Ihrer Ehrengäste mit einem kleinen Satz Ihre persönliche Wertschätzung.
- Geben Sie das weitere Procedere bekannt: „Ich habe ein Vier-Gang-Menü für euch ausgesucht und jeweils Personen zusammen platziert, die bei uns noch nie nebeneinander gesessen haben."
- Lassen Sie Ihre Gäste gemeinsam das Glas erheben: „Auf einen schönen Abend!"

Tipp

Stellen Sie vor Ihrem Gang an den Tisch Ihr Glas auf einem Bistrotisch oder einem dafür vorgesehenen Tablett ab. Umsichtige Gastgeber geben den Gästen Orientierungshilfe: „In circa zehn Minuten gehen wir an den Tisch." Oder: „Lassen Sie uns jetzt zu Tisch gehen. Ihren Aperitif können Sie gern mitnehmen." Sobald am Tisch Wein eingeschenkt wird, verzichten Sie auf Ihren Aperitif.

14. Herr Ober, die Bestellung

„Wer zahlt, schafft an": ein grobes Sprichwort. Vornehmer formuliert: Bitten Sie Gäste in ein Lokal, führen Sie Regie. Sind Sie eingeladen, lassen Sie sich lenken.

Wie Sie ein Menü komponieren

Die klassische Gastronomie achtet bei der Zusammenstellung eines Menüs auf:

- Abwechslung der Grundprodukte wie Schlachtfleisch, Geflügel, Fisch ...
- Variation der Zubereitungsarten: gebraten, gekocht, überbacken ...
- Wechsel der Geschmacksrichtungen: sahnig, pikant ...
- Steigerung der geschmacklichen Intensität: mild, würzig, scharf ...
- Modifikation der Farben: grün, rot, braun ...

Als Orientierungshilfe für Gäste, die ihre Menüs selbst zusammenstellen möchten, weisen Speisekarten oft sehr ausführliche Informationen über das Grundprodukt, seine Zubereitung, die Soßen, Gemüse und Beilagen auf. Sie müssen nur sorgfältig lesen und/oder einen Oberkellner um Beratung bitten. Oder aber Sie wählen ein Menü im Vorfeld aus und bieten zum Beispiel für Vegetarier eine Alternative an.

Regieführung – von zwei Seiten

Als Gastgeber leisten Sie Orientierungshilfe:

- „Sie haben hoffentlich genügend Zeit für drei Gänge mitgebracht." Hier weiß der Gast: Auf das Sieben-Gang-Menü muss er heute verzichten.

- „Das Rinderfilet ist hervorragend": Nehmen Sie ruhig etwas Teures!
- „Herr Ober, wie würden Sie für uns ein Fünf-Gang-Menü zusammenstellen?" bedeutet: hoher Zeitaufwand, Konsens erwünscht, einzelne Ausnahmen möglich.

Als Gast bitten Sie um einen Rahmen:
- Kann der Gastgeber Ihre Bitte um eine Empfehlung nicht erfüllen? Fragen Sie ihn nach seiner Wahl.
- Hält er mit Angaben zur Anzahl der Gänge hinter dem Berg? Suchen Sie sich neben dem Hauptgang eine Vorspeise aus, nennen diese aber erst, wenn Ihr Gastgeber eine bestellt.
- Drückt er sich komplett vor der Verantwortung? Lassen Sie ihn entgegen jeder Regel der Kunst zuerst bestellen und orientieren Sie sich entsprechend.

Korrekterweise bestellt der Gastgeber alle Speisen für seine Gäste. Im Gasthaus reicht die Sammelbestellung „dreimal Strammer Max, eine Gulaschsuppe", im Nobellokal dagegen teilt er dem Ober mit, wer was gewählt hat. Ein Grund mehr, sich wenigstens im Groben auf ein gemeinsames Menü zu einigen. Die Getränkebestellung liegt auf jeden Fall in den Händen des Gastgebers.

Tipp

Als Gastgeber haben Sie eine Flasche Weißwein bestellt, und ein Gast bittet den Kellner keck um die Weinkarte, um Rotwein für sich zu ordern? Retten Sie den Kellner aus der Zwickmühle und den Gast aus dem Fettnapf. Erlaubt Ihr Etat eine großzügige Geste? Bestellen Sie Weißen und Roten – für alle! Erlaubt er es nicht? Nehmen Sie das Heft in die Hand: „Da die Allgemeinheit sich für Weißwein entschieden hatte, bestelle ich für Sie gern ein Glas Roten extra."

15. Nein, meine Suppe ess ich nicht

„Solange du nicht wenigstens probiert hast, darfst du es nicht ablehnen." Kinder sind mit dieser Aufforderung nicht glücklich, Gäste würden sie als Beleidigung empfinden.

Auswahl für Gäste

Bei einem Bankett ist es schier unmöglich, es allen Gästen recht zu machen. Daher bitten Sie als umsichtige Gastgeber bei der Einladung um einen Hinweis zur Speisenwahl. „Gibt es irgendetwas, das ihr gar nicht gern esst?", fragen Sie Bekannte, für die Sie zu Hause kochen. Bei einer größeren Einladung vermerken Sie auf dem Rückmeldebogen die Bitte, „besondere Essgewohnheiten" zu nennen. So können Sie sogar Diätpatienten und Vegetarier bestens bewirten.
Da es neben den fundamentalen Gesundheits- und Gewissensgründen auch zahlreiche Antipathien für bestimmte Produkte gibt, sollten die Grundbestandteile der Gänge so abwechslungsreich kombiniert werden, dass jeder Gast etwas findet, das ihm schmeckt.

Wenn Sie Speisen nicht essen können

Vegetarier und Diätpatienten geben bitte bei der Annahme der Einladung eine Positivliste der Speisen bekannt, die sie essen können. Seien Sie dabei möglichst präzise. Es nutzt weder Ihnen noch dem Gastgeber etwas, wenn Sie als Vegetarier in den gesondert für Sie zubereiteten Semmelknödeln Speckstücke entdecken.
Sehen Sie auf der Menükarte eine Speise, die Ihnen gar nicht zusagt? Machen Sie den Oberkellner zu Ihrem Alliierten und bitten Sie ihn diskret, diese Speise auf Ihrem Teller wegzu-

lassen: „Bitte bringen Sie mir beim Hauptgang nur die Beilagen, ohne das Lamm." Das Angebot zu einer Alternative können Sie großherzig ausschlagen oder freudig annehmen.

Alternativen beim und zum Wein

Gesetzt den Fall, Sie sind zu einem Mehr-Gang-Menü eingeladen worden:

- Mögen Sie keinen Rotwein? Bleiben Sie beim Weißen.
- Mögen Sie keinen Weißen? Warten Sie auf den Roten.
- Mögen Sie gar keinen Wein? Trinken Sie Mineralwasser.
- Möchten Sie, dass man Sie darauf anspricht? Lassen Sie die Weingläser abräumen.
- Möchten Sie das vermeiden? Lassen Sie sich Wein einschenken, heben Sie beim Zuprosten das Glas und stellen Sie den Wein unberührt ab.

Als Gastgeber haben Sie ein wachsames Auge auf die Trinkvorlieben Ihrer Gäste und bieten gegebenenfalls Alternativen an: Saftschorle für die, die keinen Alkohol trinken, und in einem rustikalen Umfeld für Biertrinker natürlich ein Bier. Nicht geeignet sind süße und heiße Getränke. Sie würden den Essgenuss zu sehr beeinträchtigen. Regionaltypische Getränke hingegen – trockener Sherry zum spanischen Menü, Joghurtgetränke zu scharfen asiatischen, arabischen oder persischen Gerichten – sind eine spannende Alternative, mit der Sie im Trend liegen.
Ist ein trockener Alkoholiker am Tisch, bekommt er automatisch alkoholfreie Getränke und Speisen. Kein Aufhebens!

Tipp

Finden Sie etwas auf Ihrem Teller, das Sie nicht mögen, lassen Sie es – ohne vorwurfsvoll-leidend in die Runde zu blicken – liegen und begnügen sich mit den übrigen Speisen.

16. Zum Wohl, Cincin und Skål

Erfahrene Weintrinker raten: „Servieren Sie Ihren Gästen am Anfang einer Einladung die teuren Weine und gehen Sie später zu den günstigen über: Das merken sie dann sowieso nicht mehr."

Lassen Sie uns diesen Scherz über den negativen Einfluss von Alkohol auf die Wahrnehmungsfähigkeit nicht ungeprüft beiseite schieben: Beim Weintrinken geht es tatsächlich um die Reizung der Geschmacksnerven. Und da weiß der Kenner: Viele Reize verwirren und starke Reize verhindern die Wahrnehmung von schwächeren. Trinken Sie deshalb zuerst einen leichten, dann einen schweren Wein, erst einen kühlen, danach einen temperierten, zuerst den weißen, dann den roten, dann den süßen.

Kombinationen

Entsprechend können Sie mit einem Wein eine Speise „erschlagen" oder mit einer Speise einen Wein „dünn" beziehungsweise „sauer" erscheinen lassen. Da kombinieren Sie doch besser, was sich gegenseitig geschmacklich ergänzt:

Essen Sie dies …,	trinken Sie das …
Salate und Suppen	da hierzu kein Wein harmoniert, trinken Sie den, den Sie für den folgenden Gang als harmonisch betrachten
Meeresfrüchte als Vorspeise	weiße Weine mit wenig Säure
Fisch, pochiert/gekocht	den Wein, in dem der Fisch beim Garen beziehungsweise in der Soße „schwimmt"
Fisch, gebraten	kräftige Weiße, leichte Rote

Huhn	gekocht: Riesling, Silvaner, gebraten: Weine mit weniger Säure, also Weiß- und Grauburgunder
Ente und Gans	kräftige Weiße, Rotwein
Kalb	je nach Zubereitungsart von Weißburgunder bis zum leichten Rotwein
Lamm und Rind	nach Vorliebe, Beilagen und Zubereitungsart Rote aus aller Welt
Wild und Wildgeflügel	Grau- bis Spätburgunder mit kräftigem Aroma
Käse	Weißer oder Roter aus der Herkunftsregion des Käses
Dessert	der Wein muss süßer als das Dessert sein; sonst mit dem Trinken bis zum Kaffee warten

Wein verkosten

Wenn Sie Speisen und Wein vorbestellt haben, verkostet der Oberkellner den Wein. Bei einem À-la-carte-Essen übernimmt die Person, die einlädt, diese Aufgabe. Dazu heben Sie das Glas und schauen den Wein an: Keine Schwebstoffe? Dann riechen Sie daran: Keine anderen unangenehmen Gerüche wie zum Beispiel Kork? Zu guter Letzt trinken Sie einen kräftigen Schluck: Nicht zu kalt/zu warm, kein Fehlgeschmack? Dann lassen Sie Ihren Gästen einschenken.

Tipp

Hat der Gastgeber den Wein für gut befunden, Sie als Gast schmecken jedoch Kork heraus? Lassen Sie den Wein etwas Wärme annehmen. Kosten Sie einen Schluck und sagen Sie stirnrunzelnd: „Jetzt wo sich der Wein geöffnet hat, weiß ich gar nicht recht ...“ Erlauben Sie dem Gastgeber, Ihrem Zweifel nachzugehen und den Fehlton selbst zu entdecken.

17. Weinkunde für Weinnasen

Finden Sie es chic, mit Vokabeln wie „Barrique", „Bouquet", „Depot" oder „Tannin" zu jonglieren? Dann sorgen Sie dafür, dass Sie sie a) korrekt aussprechen und b) richtig verwenden.

Es wäre allzu peinlich, wenn Sie sich von Weinkennern als Bluffer enttarnen lassen müssten. Lernen Sie lieber die Önologie (Lehre und Wissenschaft vom Wein) von der Pike auf. Dazu brauchen Sie nur bewusst – und nicht zu viel – zu trinken und sich mit wissenden Genießern auszutauschen.

Selbst ist der Weinkenner

In Ihren eigenen Weinkeller gehören natürlich die Weine, die Sie am liebsten trinken. Zur Vorbereitung besonderer Anlässe wie Taufe oder Verlobung nutzen Sie Subskriptions- und Einführungsangebote. Am besten lagern Sie die Flaschen liegend bei einer Temperatur von circa 12 Grad und einer Luftfeuchtigkeit von 60 bis 70 Prozent.
Schneiden Sie beim Öffnen der Flasche die Kapsel unter dem Wulst auf; beim Einschenken würde sonst der Kontakt mit dem Metall das Bouquet (Aroma) beeinträchtigen.
Bedienen Sie als Gastgeber zu Hause selbst? Stellen Sie sich hinter die rechte Schulter eines jeden Gastes, schenken Sie bei einem üblichen Weinglas höchstens bis zur bauchigsten Stelle des Kelches ein. Rechnen Sie am Abend pro Person eine halbe bis eine ganze Flasche. Ihre Gäste sollten nie vor leeren Gläsern sitzen – es sei denn, Sie wollten sie zum Aufbrechen motivieren. Im Lokal legen Sie nur dann selbst Hand an, wenn die Weinflasche auf Ihrem Tisch steht. Bleiben Sie sitzen, schenken Sie nicht quer über den Tisch ein.

Dekantieren und frappieren

Das Umfüllen aus der Flasche in den Dekanter (Karaffe) verhindert, dass das Depot (Ablagerung) im Glas des Genießers landet. Um den Moment genau abzupassen, in dem das Depot von der Flaschenschulter in den Flaschenhals gleitet, wird der Vorgang häufig über einer Kerze praktiziert. Der zusätzliche Vorteil: Feine Aromen bekommen beim Kontakt mit der Luft eine Chance, sich gegenüber dem Tannin (Gerbsäure) zu entfalten. Ursprünglich war das Dekantieren alten Bordeaux-Weinen vorbehalten, doch auch junge Burgunder und gehaltvolle Weißweine – vor allem solche, die im Barrique (kleines Eichenfass) gereift und stark von dessen Geschmack geprägt sind – profitieren heute davon.

Das Frappieren ist auf den Notfall zu beschränken, dass Sie nicht genügend Weißwein kalt gestellt und keine Eis-Manschette in Ihrer Gefriertruhe haben. Füllen Sie Eis und Wasser in einen Weinkübel, geben Sie eine Hand voll Salz darauf. Stellen Sie die Flasche in den Kübel und drehen Sie sie kräftig hin und her: Beim Schmelzen des Eises dringt die Kälte in den Wein ein. Kenner denken daran, auch den Wein im Flaschenhals „im Handumdrehen" zu kühlen – die meisten Weinkübel sind nämlich zu kurz.

Tipp

Für jeden Wein gibt es eine Temperatur, bei der er am besten zur Geltung kommt. Am kältesten wird Sekt getrunken: bei circa 5 °C, frische Rosé- und Weißweine sind bei circa 9 °C richtig temperiert. Je älter, körperreicher und gehaltvoller der Wein, desto höher die Temperatur: So trinken Sie einen weißen Prädikatswein ebenso wie einen leichten Roten bei circa 12 °C. Nur sehr schwere, alte Rotweine sind bei 16 bis 18 °C ideal.

18. Was bei Tisch so alles passiert

Es ist ein Irrtum zu glauben, Sie müssten unbedingt perfekt Hummer essen können. Viel wichtiger ist es, die zahlreichen kleinen Klippen, die bei Tisch auftreten können, souverän zu umschiffen.

Gemeinsame Sache

Der Gastgeber hebt sein Glas, wünscht „Zum Wohl", alle schauen in die Runde, trinken, schauen erneut in die Runde und setzen ihr Glas ab. Anstoßen gehört beim Trinkzeremoniell nicht zum guten Ton, genauso wenig wie ein herzhaftes „Guten Appetit" seitens der Gastgeberin. Nur in weniger förmlichen Kontexten mag es angebracht sein, sich über diese Empfehlungen hinwegzusetzen.
Selbst an einer langen Tafel beginnt niemand zu essen, bevor alle Gäste bedient wurden und die Gastgeber das Zeichen zum Beginn gegeben haben. Nur bei stark verzögertem Service können wartende Gäste die anderen auffordern: „Bitte fangen Sie doch schon an!" Während eines Ganges passen Sie sich an das Tempo Ihrer Tischnachbarn an. Essen Sie sehr langsam, ein Nachbar aber sehr schnell, ermuntern Sie ihn, Ihnen etwas zu erzählen – beim Zuhören das Essen aber nicht vergessen!

Lecker, lecker

Salz, Pfeffer, Senftopf, Geschmacksverstärker – je einfacher das Lokal, desto mehr Gewürze finden Sie auf dem Tisch. Fehlen Salz und Pfeffer, ist das entsprechend ein Zeichen für das Selbstbewusstsein des Kochs. In einem Privathaushalt fragen Sie also nur im äußersten Notfall danach. Dennoch brauchen Sie nicht alles aufzuessen, kleine Mengen können

Sie übrig lassen. Das Prinzip Anstandsrest gibt es aber nicht. Die Dekoration dürfen Sie mitessen, gleichgültig, ob sie aus geschnitzten Karotten oder Blütenblättern besteht.
Bei der Temperatur hat Ihre Freiheit allerdings ein Ende: Pusten ist verpönt. Warten Sie, bis das Essen entsprechend abgekühlt ist. Trinken Sie in der Zwischenzeit einen Schluck, genießen Sie den Blick auf die Tischdekoration ...

Spezielle Bedürfnisse

Sehen Sie auf dem Tisch einen Aschenbecher, interpretieren Sie das nicht als Erlaubnis, während des Essens zu rauchen; bei Banketten ist es üblich, ihn gleich mit Salz und Pfeffer einzudecken. Nach dem Essen können Sie – das Einverständnis Ihrer Gastgeber und Tischnachbarn vorausgesetzt – um einen Aschenbecher bitten.
Ein Zahnstocher gehört weder auf noch an den Tisch, benutzen Sie ihn bitte auf der Toilette. Ersparen Sie der Tischgesellschaft auch andere Restaurierungsmaßnahmen wie das Nachziehen des Lippenstifts!
Müssen Sie bei Tisch niesen oder die Nase putzen, benutzen Sie diskret vor Ihrem Oberkörper ein Taschentuch. Für umfangreichere Maßnahmen verlassen Sie bitte den Tisch.

Tipp

Ihre Gäste haben Geschenke für Sie ausgesucht und möchten natürlich den Glanz in Ihren Augen sehen, wenn Sie sie auspacken. Im kleinen Kreis können Sie das ruhig bei Tisch tun, ob beim Aperitif oder beim Kaffee. Bei größeren Anlässen bereiten Sie einen Sondertisch vor. Ob Sie die Mitbringsel ungeöffnet mit nach Hause nehmen oder eine öffentliche Auspack-Sequenz einrichten: Ein individueller Dank an einem der folgenden Tage ist immer angebracht.

19. Gute Unterhaltung: das Tischgespräch

Über das Wetter, die Anfahrt, den Anlass und die Beziehungen zwischen Gästen und Gastgeber („Ich bin die Cousine …") sprechen Sie beim Aperitif. Aber wie geht es weiter, Stunde um Stunde?

Sicher ist sicher

Es ist die Aufgabe der Gastgeber, ihren Gästen den Einstieg in ein Gespräch zu erleichtern und während des Gesprächs Anregungen zu liefern: gemeinsame Hobbys, Reiseziele oder Erlebnisse. Als Gast haben Sie die Pflicht, sich rege am Gespräch zu beteiligen: Wer lange schweigt, wird leicht als undurchsichtiger Beobachter oder als einer, der „nichts zu sagen" hat, klassifiziert. Selbst wenn Ihnen ein Thema nicht liegt, können Sie sich einbringen.

- Sie können Fragen stellen: „Wie war das genau?"
- Sie können durch Mini-Kommentare Ihr Interesse bekunden: „Ach."; „Das hätte ich nicht gedacht."; „Oh."
- Sie können nonverbal signalisieren, dass Sie mitdenken, indem Sie Blickkontakt anbieten, nicken und, je nach Inhalt, mimisch Erstaunen, Amüsement oder Freude zeigen.

Das Gespräch am Laufen halten

„In Finnland waren Sie? Bei der Mückenplage dort?" Äußern die Zuhörer kritische Wertungen, verstummt ein Sprecher schnell. Nehmen Sie eine positive Haltung ein: Was motivierte den Sprecher, nach Finnland zu reisen? Wie kam er dorthin? Was hat er erlebt? Aber Vorsicht: Ein Tischgespräch ist kein Verhör!

Missfällt Ihnen ein Thema? Hören Sie genau zu! Achten Sie auf Teilaspekte, die Ihnen den Sprung in ein neues Thema, das Ihnen besser liegt, ermöglichen: „Die Bundeskanzlerin ist derzeit in den USA? Ich wollte schon immer einmal dorthin. Waren Sie nicht letztes Jahr in Kalifornien?“ Sind alle außer Ihnen für ein Thema zu begeistern, gilt das Mehrheitsprinzip, es sei denn, das Thema störte den Frieden am Tisch.
Haben Sie den Hang, sich ins Zentrum des Geschehens zu stellen? Bedenken Sie: Sie sind Teil eines Ganzen. Leiten Sie nach einer Aussage zu den anderen Gästen über, schweigen Sie einfach mal und hören Sie zu.

Jedem seine Chance

Als Gastgeber haben Sie die Pflicht, als Gast das Recht, für eine ausgewogene Gesprächsbeteiligung zu sorgen. Hat ein Gast eine Weile geschwiegen? Schauen Sie genau hin: Ist er nonverbal am Gespräch beteiligt? Lehnen Sie sich beruhigt zurück. Ist er ausgestiegen oder ausgegrenzt? Holen Sie ihn mit einem ermunternden Blick in die Runde zurück: „Frau Müller, Sie sagten vorhin, Sie hätten in dieser Angelegenheit bereits ...“ Wer zum Experten des Themas erklärt wird, gibt seine Zurückhaltung meist auf.
Wer sich auf Kosten anderer zu profilieren versucht, bekommt von Ihnen eine Mischung aus Anerkennung und sanfter Führung zu spüren: „Was du da sagst, finde ich so spannend, dass ich dazu gern Herrn Meiers Erfahrungen hören möchte!“

Tipp

Achten Sie bei der Zusammenstellung Ihrer Gästeliste auf einen bunten Mix von Männern und Frauen aus unterschiedlichen Berufen und Herkunftsorten. Personen, die mit Menschen zu tun haben – Gastronomen, Vertriebler, Journalisten –, helfen Ihren Gästen beim Kommunizieren.

20. Umgang mit dem Service-Team

Eine Besteckposition, mit der Sie dem Service-Personal gegenüber Ihre Zufriedenheit oder Unzufriedenheit ausdrücken können, gibt es nicht. Sie müssen dafür schon den Mund aufmachen!

Service-Aufgabe: Wünsche erkennen

In einem professionell arbeitenden Service-Team sind die Zuständigkeiten klar geregelt und es erkennt Notwendigkeiten automatisch. In der gehobenen Gastronomie ist der Restaurantleiter Ihr oberster Ansprechpartner. In fallender Rangfolge arbeiten unter seiner Führung die Oberkellner, die Chefs de rang, die Commis und die Auszubildenden.
Müssen Sie – im Biergarten, im Ausflugslokal, im voll besetzten Bistro – doch einmal auf sich aufmerksam machen?

- Suchen Sie Blickkontakt mit Ihrem Kellner.
- Notfalls stellen Sie auf diese Weise Kontakt zu einem anderen Kellner her. Da ist es gut, wenn Sie zuvor Ihre zuständige (Ober-)Kellnerin nach ihrem Namen gefragt haben: „Würden Sie uns bitte Frau Müller vorbeischicken?"
- Werden Ihre Blicke übersehen, heben Sie die Hand.
- Reicht das nicht, fügen Sie ein deutliches, doch freundliches „Bitte" hinzu. „Entschuldigung" ist unpassend, da Sie keine Schuld auf sich geladen haben; „Herr Ober" ist als Anrede akzeptiert; ein weibliches Pendant gibt es nicht.

Wenn der Service nicht gut läuft

An Ihrem Verhalten gegenüber Service-Mitarbeitern erkennen Ihre und andere Gäste Ihre Wertvorstellungen: Behandeln Sie die Dienstleister wie Untergebene (Diener) oder, partnerschaftlich, als Erbringer einer Leistung? Letzteres verbessert den Service, die Stimmung bei Tisch und Ihren Ruf. Außerdem ist an Ihrem Umgangston die – vorhandene oder mangelnde – Fähigkeit abzulesen, bei Problemfällen lösungsorientiert vorzugehen. Pochen Sie daher nicht auf Ihr Recht, bitten Sie um konstruktives Handeln.

- Werden beim Essen vom Büfett Teller nicht abgeräumt und Besteck nicht nachgedeckt? Bitten Sie darum.
- Deckt man beim Nachservice zu einem frischen Teller kein neues Besteck ein? Lassen Sie wortlos Ihr Besteck auf dem abgeräumten Teller liegen. Fordert der Kellner Sie auf, es zu behalten, bitten Sie ihn, Ihnen ein neues zu bringen.
- Ist das für einen Gang vorgesehene Besteck unzureichend? Bitten Sie um adäquates Werkzeug.
- Ist das Steak entgegen Ihrer Bestellung durchgebraten, ist das Gemüse versalzen, finden Sie ein Haar in der Suppe oder eine Schnecke im Salat? Bitten Sie um Hilfe – und zwar so diskret wie eben möglich.
- Sehen Sie als Gastgeber, dass ein Gast ein Problem hat? Rufen Sie den Kellner und bitten Sie ihn, sich um den Gast zu kümmern.
- Ist der Service generell unaufmerksam? Hinter einem Service-Mitarbeiter herlaufen, sich ein Besteckteil aus einer Schublade angeln, die Speisekarte vom Tresen nehmen oder Wein aus der auf dem Beistelltisch platzierten Flasche selbst einschenken ist tabu. Lässt ein Team das ohne schlüssige Bitte um Entschuldigung zu, sind Sie auf jeden Fall im falschen Lokal.

Tipp

Wiederholen sich Service-Pannen, verlassen Sie den Tisch und suchen das Gespräch mit der Restaurantleitung unter vier Augen. Die Fehler müssen behoben werden, doch mit einem öffentlichen Tadel wäre niemandem gedient.

21. Mit dem Nachwuchs bei Tisch

Für welches Kind ist es schon ein Genuss, über Stunden an einem Tisch still zu sitzen, den Gesprächen der Erwachsenen zu lauschen und Speisen stilvoll zu verzehren?

So betrachtet müsste man gegenüber Kindern, die während eines Essens durch den Raum toben, nicht Ärger, sondern Mitleid empfinden: Verzichten die Eltern doch darauf, ihnen eine attraktive Beschäftigung anzubieten und zudem die Spielregeln für das Verhalten bei Tisch beizubringen, die ihnen im Erwachsenenleben hilfreich sein werden.

Die eigenen Kinder

Die einfachste Lösung liegt auf der Hand: Lassen Sie bei Gourmet-Essen Ihre Kinder zu Hause, und schicken Sie sie, wenn Sie Gäste haben, zu Freunden oder den Großeltern. Deutlich weniger einfach, aber mindestens ebenso effektiv ist strategisches Vorgehen.

1. Verhandeln: „Heute geht ihr mit uns ins feine Restaurant, morgen essen wir miteinander, was euch gefällt", und Sie setzen sich dann mit Fast Food, Spaghetti mit Tomatensoße oder Popcorn auseinander. Führen Sie bei dieser Gelegenheit in die Mannigfaltigkeit der Geschmackserlebnisse ein – wer Aromen nicht differenzieren kann, kann sie nicht genießen.
2. Geschickt platzieren: Bei Familienfesten setzen Sie die Kinder entweder jeweils neben einen fürsorglichen Elternteil oder alle zusammen, pädagogisch betreut, an einen Extratisch. Je nach Alter packen Sie Bilderbuch, Mal- und Bastelsachen oder Jeans und Turnschuhe ein – für den Fall, dass es nach dem Mini-Menü an die frische Luft geht.

3. Vorleben: Kinder ahmen die Eltern nach. Gehen Sie einfach mit gutem Beispiel voran.

... und die Kinder der anderen

Schlechte Tischmanieren wie Schmatzen, Ellenbogen auf dem Tisch oder Herumspielen mit Speisen ignorieren Sie, solange die Eltern dieser Kinder am Tisch sind. Verhält sich ein fremdes Kind unter Ihrer alleinigen Obhut schlecht, fordern Sie die Einhaltung der bei Ihnen geltenden Spielregeln ein – bitte ohne Tadel, das Kind trifft wahrscheinlich keine Schuld. Bei sehr guten Freunden können Sie das Thema in einer ruhigen Minute ansprechen: „Es fällt mir schwer, unsere Kleinen zu einem bestimmten Verhalten bei Tisch anzuhalten, wenn eure Kinder das ignorieren. Könnt ihr eure Kinder an ein paar grundsätzliche Spielregeln bei Tisch erinnern, bevor ihr sie zu uns losschickt?"

Tobende Kinder im Restaurant sprechen Sie direkt an: „Wir möchten in Ruhe essen, bitte bleibt weg von unserem Tisch." Halten die Rangen sich nicht daran, ist es besser, die Bitte offen an die Eltern zu richten, als sich mit wütenden Blicken bemerkbar zu machen. Oder aber Sie bitten den Restaurantleiter/Wirt um Hilfe: Kann er Ihnen keinen Tisch in einem anderen, ungestörten Umfeld anbieten, muss er die Eltern auffordern, die Kinder zur Räson zu rufen. Es ist seine Pflicht, der größtmöglichen Anzahl von Gästen das größtmögliche Wohlbefinden zu ermöglichen. Es wäre sinnlos, mit den Eltern um das Für und Wider einer Erziehung mit klaren Vorgaben zu streiten.

Tipp

Sind Sie mit kleinen Kindern im Lokal, stellen Sie diese den am Nachbartisch sitzenden Gästen vor. Dieser persönliche Kontakt schafft Verständnis, denn Ärger wächst mit dem Grad der Anonymität.

22. Die Rechnung bitte

„Der Erste zahlt." Da ein Gastgeber zur Sondierung des Terrains vor seinen Gästen das Restaurant betritt, liegt diese Schlussfolgerung durchaus auf der Hand.

Wer zahlt was?

Machen Sie Ihre Rolle deshalb am besten vor Ihrem Restaurantbesuch, spätestens aber beim Aperitif klar: „Schön, dass Sie meine Gäste sind." Aus der Äußerung „Ich lade Sie gern zum Aperitif ein" schließt wiederum – im Kreis von Freunden oder Kollegen – jeder, dass Sie sich für den übrigen Teil nicht verantwortlich fühlen.

Richtig zahlen — aber wie?

Als Gastgeber eines eleganten Essens lassen Sie Ihren Oberkellner die Rechnung vorbereiten: „Ich komme zu Ihnen." So können Sie in Ruhe die Rechnung prüfen und dem Service-Team Ihr Feedback geben. Zahlen Sie ein Essen mit Ihrem Lebenspartner aus der gemeinsamen Haushaltskasse, wäre diese Diskretion unangemessen. Hegen Sie die Befürchtung, dass ein Gast versucht, Ihnen beim Bezahlen zuvorzukommen? Teilen Sie dies bei einem Gang zur Toilette dem Kellner mit und bitten ihn um seine Mithilfe.
Wollen Sie die Rechnung splitten? Sagen Sie es dem Kellner bei der Bestellung, dann bringt er getrennte Rechnungen.

Die Trinkgeld-Frage

Wie Sie auch immer die Rechnung bezahlen, geben Sie das Trinkgeld stets in bar – eine direkte, konkrete Anerkennung wirkt besser. Und genau das ist das Trinkgeld: ein Lob für eine besondere Leistung.

Geben Sie daher mindestens fünf Prozent der Rechnungssumme als Trinkgeld für einen guten Service, das heißt, wenn ein Kellner

- Sie zum Tisch begleitet,
- die Kerze auf Ihrem Tisch anzündet,
- die Service-Regeln korrekt umsetzt: Getränke und vorbereitete Teller von rechts, Brot und Anreichen von links,
- Brot bei Bedarf nachreicht und gebrauchte Aschenbecher auswechselt,
- sogar bei Hochbetrieb aufmerksam und freundlich bleibt.

Mindestens zehn Prozent der Rechnungssumme geben Sie als Trinkgeld, wenn der Service sehr gut ist, also der Kellner darüber hinaus

- Ihre Platzierungswünsche erfüllt,
- Ihnen die Garderobe abnimmt, Sie an Ihren Platz begleitet und Ihnen den Stuhl vorbereitet,
- Sie bei der Wahl von Wein und Speisen nach Vorlieben fragt und kompetent, doch keinesfalls belehrend berät,
- Sie als fremden Gast bei wenig Verzehr genauso umsichtig und zeitintensiv bedient wie die Gruppe von Stammgästen,
- eine Panne und eine Reklamation gelassen und ohne Diskussion behebt.

Bei mangelhaftem Service geben Sie konsequenterweise gar nichts. Vor einem Restaurantbesuch im Ausland erkundigen Sie sich nach den dortigen Gepflogenheiten, da diese erheblich abweichen können.

Tipp

Wie im Ausland generell üblich, können Sie sich nun auch in Deutschland Ihr Wechselgeld herausgeben lassen und das Trinkgeld in der Rechnungsmappe – im Café einfach auf dem Tisch – hinterlassen.

23. Habe fertig: nach dem Essen

„Ende gut, alles gut", sagt der Volksmund, und „Nach dem Spiel ist vor dem Spiel". Verhalten Sie sich also als Gastgeber und als Gast so, dass Sie über das Essen hinaus in guter Erinnerung bleiben.

Damit Sie wieder eingeladen werden

Achten Sie auf die Signale des Gastgebers. Hat die Gastgeberin ihre Serviette auf den Tisch gelegt? Spricht der Gastgeber die Heimfahrt an: „Sind Sie mit dem Auto hier?" Denkt er schon an den nächsten Tag: „Müssen Sie auch so früh aufstehen?" Erwidert er Ihre Ankündigung, sich zu verabschieden, nicht ausdrücklich mit dem Angebot eines weiteren Getränks? Warten Sie nicht, bis er gähnt oder in seiner Küche die Spülmaschine laufen lässt. Stehen Sie auf! Bei größeren Festen sind sicher auch andere Gäste froh, wenn Sie die Initiative ergreifen.
Vergessen Sie Ihre Worte des Dankes nicht, bevor Sie sich vom Gastgeber definitiv verabschieden. Diese können Sie in eine kleine Rede verpacken oder ihm unter vier Augen übermitteln. Wichtig: Danken Sie nicht nur global für den „netten Abend". Erwähnen Sie Speisen und Getränke, Ambiente und Gäste. Zitieren Sie einen Aspekt, der Sie besonders angesprochen hat: „Dass ich Ihre Mutter kennen lernen durfte, ist mir eine Ehre."/„Ich weiß das zu schätzen, dass du den ersten selbst geangelten Kabeljau mit uns geteilt hast." Den Dank an einem der folgenden Tage ersetzen diese Worte jedoch nicht. Verlassen Sie in einem Wohngebiet Haus und Straße möglichst ohne die Nachbarn zu stören. Vor allem: Nicht vor lauter Begeisterung hupen! Es muss schließlich nicht jeder Anrainer hören, wie schön das Fest war und wie lange es gedauert hat.

So kommen Ihre Gäste gern wieder

Gute Freunde mit Sitzfleisch nehmen es Ihnen sicher nicht übel, wenn Sie ihnen auf die Schulter klopfen: Jetzt ist Schluss. In weniger vertrautem und eher förmlichem Rahmen geht das nicht. Das heißt aber nicht, dass eindeutige Signale unangebracht wären.

- Fragen Sie nach dem Kaffee: „Was kann ich zum Abschluss noch für Sie tun? Einen Schluck Wein? Etwas Wasser?"
- Bieten Sie danach konsequent nichts mehr an; der geschulte Gast weiß: Wenn es keinen neuen Anfang gibt, ist eine halbe Stunde nach dem Kaffee Schluss.
- Sprechen Sie sich im Lokal mit den Service-Mitarbeitern ab.
- Vorsicht mit einem Ortswechsel: Sobald Ihre Gäste am neuen Platz heimisch geworden sind, kann es richtig gemütlich werden. Nur im äußersten Notfall verlassen Sie zum Beispiel eine Bar mit dem Hinweis: „Ich habe die nächste Runde für Sie noch bestellt und bezahlt. Ich mache mich schon einmal auf den Heimweg."
- Besser ist: Sie resümieren den Anlass mit seinen kommunikativen Highlights, danken für den Besuch, die Geschenke, den offenen Austausch, wünschen einen guten Heimweg, hoffen auf ein baldiges Wiedersehen und stehen danach vom Tisch auf. Ihre Gäste werden es Ihnen gleichtun. Kommt einer scherzhaft auf die Idee zu fragen: „Wollt ihr uns hinauswerfen?", nehmen Sie den Ton auf und bleiben konsequent: „Werfen – nein!"

Tipp

Im Restaurant gehen Ihre Gäste vor Ihnen durch den Raum. Im privaten Rahmen begleiten Sie Ihre Gäste im Wohnblock bis zur Haustür, im Eigenheim bis zum Gartentor, bei Regen auf jeden Fall mit Schirm zum Parkplatz.

24. Pannenhilfe: Oh Schreck, ein Fleck

Dass ein Speiserest an der falschen Stelle unweigerlich die Blicke auf sich zieht, ist nicht erst seit Loriots Sketch – Sie erinnern sich: die Sache mit der Nudel! – bekannt.

Erste Hilfe

Brot krümelt, Soßen spritzen, al dente gekochtes Gemüse springt, und schon ist die Tischdecke in Mitleidenschaft gezogen. Stehen Sie dazu! Nicht die Krümel mit angefeuchtetem Finger aufpicken. Nicht den Teller so schieben, dass er die Flecken bedeckt. Nicht verstohlen, sondern offen und gelassen mit dem Besteck das Gemüsestück zurückangeln und auf dem Teller deponieren.
Selbst wenn Besteck oder Ihre Serviette auf den Boden fällt, ist das kein Beinbruch. Vom Kellner kommt Ersatz, gegebenenfalls heben Sie das Stück selbst auf und reichen es ihm. Nur um Schlimmeres zu verhüten und wenn keine Hilfe in Sicht ist, heben Sie einen Speiserest vom Boden auf und legen ihn auf einen Sonderteller, damit der Kellner ihn entfernen kann. Haben Sie Ihre Krawatte getroffen? Entscheiden Sie spontan: Ist der Fleck klein, behalten Sie sie an. Ist er für die gesamte Tischrunde unübersehbar, legen Sie sie ab. Verzichten Sie auf Reinigungsmaßnahmen bei Tisch, sie sind ohnehin nicht effektiv. Haben Sie Bluse oder Hemd, Kleid oder Jackett beschmutzt? Ruhig Blut! Warten Sie bis zum Ende des Ganges und versuchen Sie, den Schaden einzugrenzen.

Wenn andere betroffen sind

Aus der Loriot'schen Nudel-Szene lernen wir: Es ist für alle Beteiligten besser, wenn Sie für Abhilfe sorgen. Sie sollten Ihren Tischnachbarn nicht anfassen. Sie brauchen ihm auch

nicht im Detail zu beschreiben, was Sie sehen: Nudel, Petersilie, Krümel, das ist gleichgültig. Sagen Sie einfach, begleitet von einer Geste, die die betroffene Person nur zu imitieren braucht: „Machen Sie mal so." Kann wie bei einem Fleck auf dem Revers keine Abhilfe geschaffen werden, würde ein Hinweis den Betroffenen allerdings nur verunsichern. Üben Sie sich in einem solchen Fall im Ignorieren.
Das gilt nicht, wenn Sie die Peinlichkeit verursacht haben. Da müssen Sie Farbe bekennen. Tun Sie nicht, als sei nichts geschehen, beschränken Sie die dadurch hervorgerufene Störung jedoch auf ein Minimum.

- Im Restaurant bitten Sie um Verzeihung und erbitten Unterstützung seitens des Personals – wie Sie es auch täten, wenn ein Kellner eine Panne produziert.
- Haben Sie oder ein Gast in Ihren vier Wänden ein Problem verursacht, zum Beispiel Rotwein auf die weiße Couch geschüttet, gehen Sie nach der Schadensbegrenzung zur Tagesordnung über. Gelassen bleiben, keinesfalls über die Beschädigung des Erbstücks lamentieren!
- Passiert Ihnen das gleiche Missgeschick als Gast in einem Privathaushalt, bieten Sie Hilfe, Reinigung und notfalls Ersatz an. Wozu zahlen Sie Ihre Versicherungsprämie? Über die reine Wiedergutmachung hinaus schicken Sie am Tag danach zum Trost einen Strauß Blumen oder – aber nur, wenn Ihr Gastgeber ein sehr humorvoller Mensch ist – eine Flasche Rotwein.

Tipp

Sind Sie das Opfer eines Malheurs, der Auslöser macht aber keine Anstalten, dafür aufzukommen? Helfen Sie ihm auf die Sprünge: „Ich kann die Rechnung der Reinigung nun ja nicht selbst Ihrer Haftpflichtversicherung schicken. Geben Sie mir deshalb bitte noch Ihre Adresse?"

25. Das (nicht alltägliche) Brot

„Unser täglich Brot", „das ist ein hartes Brot", „sein Brot schwer verdienen" ... – die große Zahl der Redensarten verrät: Brot ist als eines der wichtigsten Nahrungsmittel in aller Munde.

Brot als Beigabe

In Deutschland war es lange Zeit üblich, Brot bei einem Menü ausschließlich als Beigabe zur Vorspeise zu reichen und entsprechend den Brotteller mit dem Vorspeisenteller abzuräumen. Seit den Fünfzigerjahren des letzten Jahrhunderts haben die Deutschen in Italien, Frankreich und anderen Genießerländern jedoch die Sitte kennen und schätzen gelernt, Brot nicht nur zur Vorspeise, sondern auch zu anderen Gängen zu essen. So werden Brot und Butter heute in einigen deutschen Lokalen ebenfalls zu Suppe und Zwischengericht, manchmal sogar zum Hauptgang zur Verfügung gestellt. Gastgeber, die ihren Gästen signalisieren möchten, dass es an ihrem Tisch nicht förmlich zugeht, bieten Brot und Butter an, bevor die Vorspeise gereicht wird.

Stück für Stück

Der Umgang mit der Beigabe bleibt bei allen Gängen gleich: Sie nehmen erst nach Ihren direkten Nachbarn ein Brötchen, ein Stück oder eine Scheibe aus dem Brotkorb. Beim Anreichen und Annehmen den Blickkontakt nicht vergessen ... Der Brotteller an der linken Seite Ihres Gedecks ist der richtige Platz dafür (nicht vor sich hinrücken!). Danach kommt Butter auf das Tellerchen. Im Idealfall gibt es portionierte Stücke und eine Gabel, mit der Sie ein ganzes Stück nehmen und es auf Ihren Brotteller neben Ihr Brot legen. Nur wenn wenige große Butterstücke oder ein Butterfässchen angeboten werden, teilen Sie sich die von Ihnen gewünschte Menge mit dem dazu gereichten Buttermesser ab. Ist keines eingedeckt, nehmen Sie Ihr eigenes.

Brechen oder beißen?

„Er nahm sein Brot, brach es und sprach …" Aus der Abendmahlszene ist bekannt, dass Brot als Symbol des Leibes Christi gilt. Zwar wird Brot längst nicht mehr unter den Essern durch Brechen aufgeteilt, doch die Sitte, es zu brechen statt zu schneiden, ist erhalten geblieben. Sie brechen also von Ihrem Baguette-Stück oder Ihrem Brötchen ein mundgerechtes Stück ab, bestreichen es mit Butter, legen das Buttermesser in seine Grundposition zurück und befördern den Bissen in den Mund. Salzen ist erlaubt.

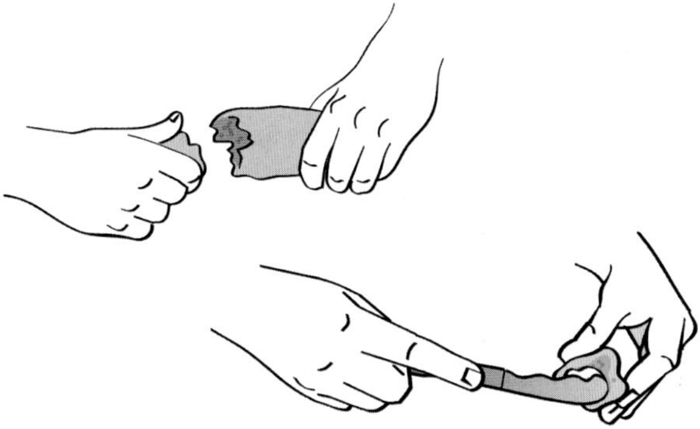

Dünne Scheiben wie Toast oder Schwarzbrot zu brechen wäre unpraktisch. Diese Scheiben werden behandelt wie die Schnitten oder Brötchen beim Frühstück und beim Vesperteller: Sie buttern sie und beißen – möglicherweise nachdem Sie sie halbiert haben – davon ab. Genauso gehen Sie vor, wenn man Ihnen vor Ihrem ersten Gang Weiß- oder Graubrot mit Schmalz, Quark und Radieschen reicht.

26. Amuse-Gueule und Vorspeisen

Die Vorspeise ist in der klassischen Menüfolge das erste Gericht, das auf das Hauptsächliche vorbereitet. Manchmal wird Ihnen als eine Art essbarer Aperitif zusätzlich ein Amuse-Gueule gereicht.

Der Gruß aus der Küche

Da die kulinarische Einstimmung ein Geschenk des Hauses an den Gast ist, finden Sie sie nicht auf der Rechnung, haben aber eben auch keinen Einfluss auf dessen Zusammensetzung. Je schicker das Lokal, desto ausgefallener die Komposition. Mal bekommen Sie mehrere „Grüße" hintereinander, mal mehrere auf einmal, mal nur einen einzigen. Der Fachbegriff lautet „Amuse-Gueule" und heißt wörtlich „was der Schnauze gut tut". Daher weichen zart besaitete Gastronomen und Gäste neuerdings auf das Ersatzwort „Amuse-Bouche" aus, weil „bouche" „Mund" heißt.

Alles kein Problem

Ob Sie mit einem Tatar vom Lachs oder einem Carpaccio vom Heilbutt beginnen, hier werden Ihnen keine Gräten begegnen. Daher benötigen Sie auch kein – stumpfes – Fischmesser. Ähnlich bei ausgelöstem Hummer oder gepulten Scampi, bei deren festem Fleisch Sie mit dem Fischmesser ohnehin Zerteilungsprobleme hätten. Deshalb erhalten Sie in Deutschland bei Meeresfrüchte-Vorspeisen ein mittleres Besteck – genauso, als hätten Sie eine Wildterrine bestellt. Das gilt auch für Matjesfilets oder ganze Heringe: Ein scharfes Messer ist bei den feinen Gräten, die Sie mitessen können, einfach praktischer. In anderen Ländern wird eher ein Fischbesteck eingedeckt.

Beim Krabbencocktail ist dagegen ein Messer überflüssig. Er wird im Glas serviert, und deshalb werden Sie dazu mit Dessertgabel und -löffel ausgestattet. Diese liegen in der Regel auf dem Unterteller.
Auch eingemachte Gänse- oder Entenleber ist so zart, dass Sie sie mit der Vorspeisengabel zerteilen können. Die dazu gereichte Brioche gilt als Beilage und kommt deshalb mit ihr auf den großen Teller. Bei gebratener Geflügelleber kann zusätzlich ein Vorspeisenmesser nützlich sein.

Echter Stör-Fall: Kaviar

Die Störe im Kaspischen Meer sind zum größten Teil ausgerottet, allzu beliebt sind ihre Eier. Zwar sind in Frankreich die ersten Zuchtversuche angelaufen, aber dennoch bleibt Kaviar sündhaft teuer. Kommen Sie in die glückliche Lage, ihn zu kosten, dann legen Sie sich Buchweizenküchlein (Blini) oder, seltener, hauchdünn geschnittenen, gebutterten und gerösteten Melba-Toast auf Ihren Teller. Verteilen Sie anschließend die feinen Eier sanft, ohne sie anzudrücken, mit dem Kaviarmesser darauf. Sie können Kaviar mit Crème fraîche und gehacktem Ei garnieren, niemals aber mit Zitronensaft, da die Säure das Eiweiß im Kaviar zerstören würde und damit den Geschmack.

Tipp

Sie haben ein vegetarisches oder ein Fisch-Menü bestellt und werden aus der Küche mit einer Scheibe Rehschinken gegrüßt. Sie hätten sich mehr Umsicht gewünscht, können also Ihr Amuse-Gueule ruhig liegen lassen. Eine Alternative sollten Sie – wie bei Geschenken üblich – nicht verlangen. Wenn dann der Kellner aber fragt: „War's recht?", dürfen Sie seine Frage – ein Negativbeispiel für routinemäßige Rhetorik – gelassen verneinen.

27. Austern, Muscheln und Schnecken

Damit Sie nicht wie Julia Roberts als „Pretty Woman" von den „kleinen Scheißerchen" irritiert sind, benötigen Sie neben dem Wissen um deren Bauplan etwas handwerkliches Geschick.

Auf Perlensuche – Austern

Austern werden bereits vom Koch mit einem scharfen Messer geöffnet, weshalb Sie sie nur noch in die linke Hand zu nehmen und mit der Austerngabel in Ihrer Rechten das Fleisch von der Schale zu lösen brauchen. Das tun Sie zuerst an der Stelle, an der sie dort angewachsen ist, am Bart, dann am gesamten Muskel entlang, der manchmal auf diese Berührung mit einem reflexartigen Zucken reagiert. Ob Sie jetzt die ausgelöste Auster mit der Gabel zum Mund führen und danach das Austernwasser aus der Schale trinken oder ob Sie Fleisch und Wasser zusammen ausschlürfen, ist gleichgültig. Nur lautlos muss es sein. Da Ihre Finger geringen Kontakt zur Schale haben, wird nicht überall ein Zitronentuch oder eine Fingerbowl (Wasserschälchen) zur Verfügung gestellt.

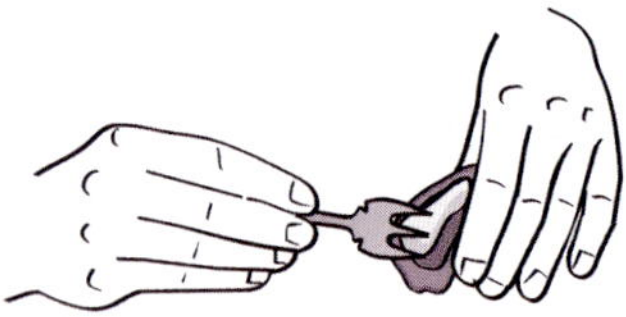

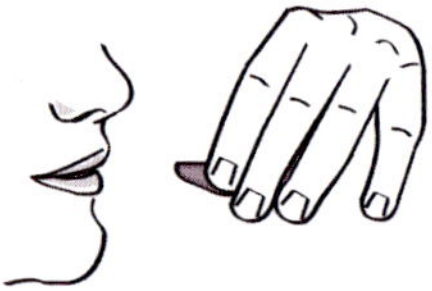

Besteck überflüssig – Muscheln

Auch Muscheln rücken Sie mithilfe Ihrer Hände zu Leibe. Zuerst entfernen Sie mit der Gabel das Fleisch aus einer Muschelschale und essen es. Danach benutzen Sie diese leere Schale als Zange für alle anderen Tiere. Versuchen Sie nicht, eine Muschel, die beim Kochen nicht aufgegangen ist, zu öffnen. Legen Sie sie zu den leer gegessenen Schalen auf Ihren Abfallteller. Der Suppenlöffel ist zum Auslöffeln des Suds gedacht. Ob Sie das immer wieder zwischendurch tun oder ganz am Ende, ist Ihre Sache. Vor dem Trinken und am Ende des Ganges die Reinigung der Finger nicht vergessen.

Aus dem Häuschen – Schnecken

Kommen die Schnecken samt Haus in einer Schneckenpfanne auf den Tisch, legen Sie zuerst einmal Ihren Suppenlöffel in Ihren tiefen Teller. Dann fassen Sie mit der Schneckenzange in der linken Hand ein Schneckenhaus und fixieren es stabil. Die zwei Zacken der feinen Schneckengabel helfen Ihnen, das Tier aus seinem Haus zu holen. Drehen Sie das Haus dann so weit um, dass die geschmolzene Kräuterbutter in den Löffel rinnt. Austrinken oder mit Brot auftupfen? Wiederum entscheiden Sie. Im Bedarfsfall dippen Sie sogar die Butter aus der Schneckenpfanne heraus. Sie sollte dann aber auf einem Rechaud stehen.

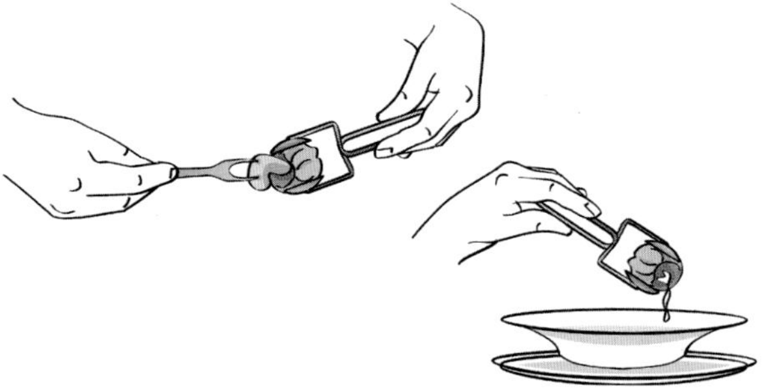

28. Für Panzerknacker: Krustentiere

Früher ein Armeleuteessen, das sich die Fischer aus dem Meer auf den Herd holten, gelten Krustentiere heute als besondere Delikatesse. Es wäre daher wirklich schade, sie auf dem Teller liegen zu lassen.

Hummer und Languste

Das umfangreichste Stück beider Krustentiere ist das muskulöse Schwanzsegment. Es wird vom Koch mit einem großen Messer halbiert, so dass Sie es nur aufzuklappen brauchen. Das Fleisch können Sie mit dem Mittelbesteck leicht vom Chitinpanzer lösen. Ob Sie es Stück für Stück aus dem Panzer essen oder mit einem Ruck herausheben und auf dem Teller portionieren, bleibt Ihnen überlassen. Die Beine drehen Sie vom Korpus ab und zerbrechen sie in der Mitte, deren Fleisch saugen Sie – lautlos – aus.
Der größte sichtbare Unterschied zwischen Languste und Hummer ist das Kopfsegment. Die Languste hat – ungenießbare – Antennen, der Hummer kräftige Scheren mit einem köstlichen Innenleben. Für deren kunstgerechte Zerlegung kommt das Hummerbesteck zum Einsatz: Sie knacken mit der Hummerzange – ersatzweise einem Nussknacker – die Scheren in der Mitte an, ziehen an deren Enden, schon ist das Scherenfleisch ausgelöst. Gegebenenfalls helfen Sie mit der Hummernadel nach.

Scampi und Co.

Ob sie nun Langustinos oder Gambas heißen, Kaisergranat, Crevetten oder Scampi – es läuft immer darauf hinaus, den länglichen Tieren den Kopf abzudrehen, den Schwanz vom Panzer zu befreien und sie dann zu essen. Dazu können Sie, wenn Ihnen eine Wasserschale beziehungsweise ein Zitronentuch gereicht wurde, Ihre Finger einsetzen oder aber Ihr Vorspeisenbesteck. Wollen Sie den Darm entfernen? Nehmen Sie Ihr Besteck dazu! Wollen Sie alle Portionen hintereinander vorbereiten und dann alle auf einmal essen? Das gilt als nicht korrekt! Wollen Sie die vorbereiteten Schwänze mit den Fingern in den Mund schieben? Im Badeurlaub am Strand ist das in Ordnung, in einem eleganten Lokal nicht.

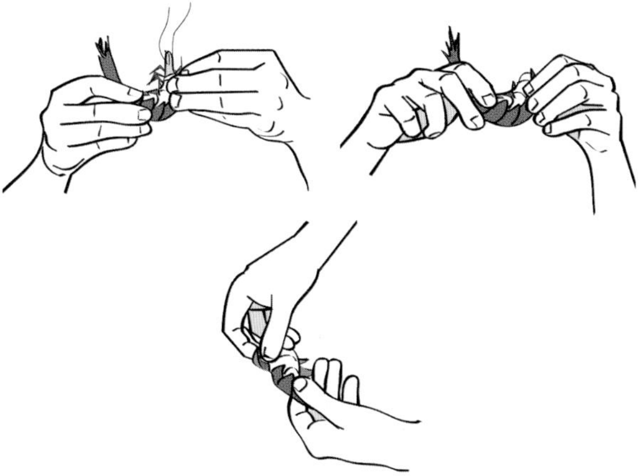

Fluss- und Bachkrebse leben, wie der Name sagt, im Süßwasser. Zu ihrem Verzehr brauchen Sie ein spezielles Werkzeug: ein – sehr kräftiges(!) – Krebsmesser, um nach Entfernen des Kopfes den Panzer des Schwanzes zu öffnen. Mit der Krebsgabel ziehen Sie das Fleisch heraus. Schützen Sie Ihre Kleidung gut vor Spritzern.
Krabben haben einen breiteren Körper und kräftige Scheren. Ihr Panzer wird in der Küche geknackt, Sie brauchen nur ein Mittelbesteck und – zum Brechen der Beine – kräftige Hände. Die eigentliche Delikatesse, vor allem von Taschenkrebsen, ist das Fleisch der Scheren.

29. Suppen, Teigwaren, Eierspeisen

Der Suppenkasper musste seinen Verzicht auf die gesunde Speise büßen. Nutzen Sie lieber die Wärme einer kräftigen Suppe, die Proteine von Eierspeisen und die Kohlenhydrate in Teigwaren!

Schlürfen verboten

Sie dürfen einen Suppenteller allerhöchstens so anwinkeln, dass die Schräge zur Tischmitte weist, besser noch: Er bleibt fest auf dem Tisch. Obwohl diese Regel völlig unsinnig ist, gilt sie noch. Bei der Suppentasse sind die gestrengen Wächter der guten Sitten etwas milder: Sie dürfen sie zwar nicht hochheben, um den Suppenrest in Ihren Löffel zu gießen. Doch Sie dürfen die Tasse anwinkeln und sogar daraus trinken – unter der Bedingung, dass es sich um den Rest einer klaren Brühe ohne Einlage handelt. In diesem Fall heben Sie die Suppentasse wie ein Consommé-Tässchen, dessen Henkel stets nach links weist, mit der linken Hand hoch. Für Suppen unter einer gratinierten Käsedecke brauchen Sie neben dem Löffel auch eine Gabel.

Pasta, Pasta

Die gute Nachricht vorweg: Lasagne, Cannelloni und andere überbackene Pasta-Gerichte dürfen Sie mit Messer und Gabel zerteilen. Die schlechte: Selbst wenn im Restaurant ein Suppenlöffel zu den Spaghetti eingedeckt wird, sollten Sie ihn ignorieren. Anderenfalls laufen Sie Gefahr, als Banause zu gelten. Richtig geht's so: Nehmen Sie mit Ihrer Gabel in der rechten Hand einige wenige Pasta-Fäden auf und drehen Sie sie gegen die Tellermulde oder notfalls den Tellerboden zu einem kleinen Bündel. Parmesan – nicht zu Fisch und Meeresfrüchten(!) – erhöht die Klebefähigkeit und damit die Praktikabilität. Ein etwaiges überhängendes Nudel-Ende schieben Sie mit der Gabel in den Mund. Von nicht drehbaren Nudeln – wie Ravioli oder Penne – teilen Sie mit der Gabel mundgerechte Stücke ab.

In Teig gehüllt

Den Blätterteig von Königin-Pasteten zerteilen Sie mit der Gabel, vielleicht benötigen Sie für den Boden zusätzlich ein Messer. Die Füllung essen Sie mit der Gabel, der Löffel garantiert die Stabilität des Ganzen. Wer die Dinge nicht so eng sieht, nimmt die Soße nicht nur mit Teig, sondern auch mit dem Löffel auf.

Rund ums Ei

Ob gerührt oder gebraten, gekocht oder pochiert – verzichten Sie auf den Einsatz von Silberbesteck. Es würde durch den Oxidationsvorgang den Geschmack verderben, und die unschönen Spuren am Besteck wären nur mit Mühe wieder zu entfernen. Bei Edelstahlbesteck brauchen Sie diese Unannehmlichkeiten nicht zu befürchten, daher können Sie das alte Verbot, Eier zu schneiden, getrost vernachlässigen. Bei einem kross gebratenen Spiegelei kommen Sie ohne Messer wahrscheinlich ohnehin nicht sauber zum Ziel, auch wenn konservative Esser darüber die Nase rümpfen werden. Eier im Glas werden ausgelöffelt.

Tipp

Gibt es an Ihrem Frühstückstisch Streit über die Frage, ob das Ei geköpft werden darf oder nicht? Schließen Sie Frieden! Klassisch bleibt Metall außen vor, zeitgemäße Esser setzen eher auf Edelstahl und köpfen. Ob Sie köpfen oder klopfen: Bitte das Ei nicht aus dem Eierbecher heben.

30. Für Fischers Fritz: frische Fische

In einem guten Restaurant können Sie einen Kellner bitten, Ihren Fisch für Sie zu zerlegen. Er wird es Ihnen aber nicht von sich aus anbieten: Könnten Sie dies doch falsch interpretieren.

Bestecke für Fische

Idealerweise rücken Sie dem Fisch mit einem Fischmesser zu Leibe. Seine stumpfe Schneide bewahrt Sie sicher vor dem unbeabsichtigten Zerteilen von Gräten und somit vor dem Erstickungstod.
Linkshänder finden für sie geeignete Fischmesser leider nur selten. Sie legen sich deshalb ein Besteck mit symmetrischen und damit zum beidhändigen Gebrauch geeigneten Fischmessern zu. Im Restaurant suchen sie sich einen Platz mit gut ausgeleuchtetem Teller, zerteilen vorsichtig ihren Fisch mit dem Fleischmesser und hoffen das Beste. Oder sie bitten um zwei Gabeln, von denen dann – wie bei anderen Gerichten ohne Messereinsatz – die Gabel in der rechten Hand als Transportmittel benutzt wird.
Wer daheim nicht über ein Fischbesteck verfügt, macht es ebenso. Es ist aber auch nicht verpönt, für den Ausnahmefall gute Freunde oder Nachbarn zu bitten, Ihnen ihr Fischbesteck auszuleihen. Laden Sie sie einfach mit zu dem Essen ein.

Grätenfrei filetieren

Dorade, Forelle, Scholle und Seezunge sind – von lokalen Spezialitäten abgesehen – die Fische, die am ehesten als Ganzes auf einen Teller kommen.
Nehmen Sie Ihr Fischmesser und Ihre Fischgabel auf. Schieben Sie die Rücken- und Bauchflossen vom Fisch weg. Das

ist wichtig, weil diese durch kleine Gräten am Korpus befestigt sind. Entfernen Sie jetzt die Haut, sofern Sie das möchten. Dann trennen Sie die Filets sowie Kopf und Schwanz mit vorsichtigen Schnitten vom zentralen Teil der Hauptgräte ab. Nicht die Gräte durchtrennen! Lösen Sie die Filets vorsichtig von der Mittelgräte ab – beginnend an der Kopfseite, damit auch kleine Gräten am Fischskelett bleiben. Sie können die ersten beiden Filets nun sofort essen oder die gesamte Prozedur zu Ende bringen. Heben Sie dazu die frei gelegte Mittelgräte von den darunter liegenden Filets ab und legen Sie sie samt Kopf und Schwanz auf dem Grätenteller. Manche Esser drehen die Filets nach oben und essen sie von der Gräte. Andere wiederum ziehen gleich zu Anfang, vom Rücken ausgehend, das doppelte Filet über die Mittelgräte und wiederholen den Vorgang mit der zweiten Hälfte. Auch in diesem Fall ruht am Ende das gesamte geputzte Grätengerüst auf Ihrem Teller. Bei der Forelle die beiden unter den Kiemendeckeln liegenden Bäckchen nicht vergessen!

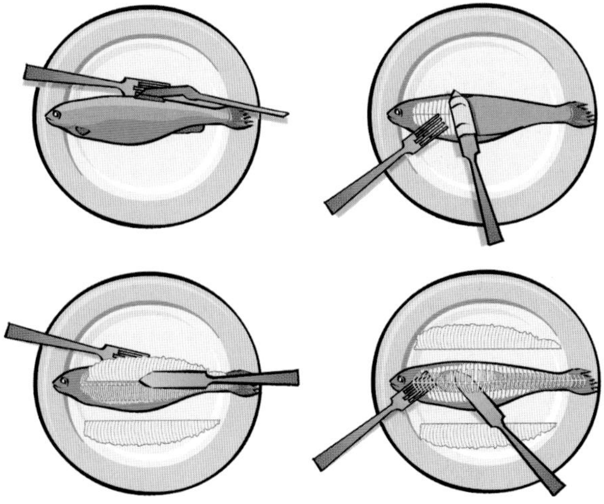

31. Rind, Huhn, Schwein & Co.

„Geflügel dürfen Sie mit den Fingern zu Leibe rücken." Vorsicht! Was auf dem Oktoberfest gilt, ist noch längst nicht Bestandteil des Verhaltenskodexes an eleganten Tischen.

Fleisch + Verzehr = Messer?

Das Messer war das erste Utensil zur Aufbereitung von Nahrung und ist heute noch beim Zerteilen von festen Fleischstücken am Tisch unabdingbar. Gleichgültig, ob es sich dabei um Schlachtfleisch, Wild, Wildgeflügel oder Zuchtgeflügel handelt. Versagt das Fleischmesser seinen Dienst, kommen die schärferen Steakmesser zum Einsatz. Doch nicht immer ist ein Messer das richtige Werkzeug. So trennt der Fachmann den Rehrücken beispielsweise mit einem Löffel vom Knochen, um die feinen Fasern nicht zu zerstören.
Gar kein Messer zu nehmen ist eine weitere Alternative. Geschnetzeltes oder einen butterweichen Tafelspitz können Sie allein mit der Gabel verspeisen. In den so genannten besseren Kreisen galt schon immer: Je geschickter der Esser, desto weniger Werkzeug benötigt er. Ob Sie diese Demonstration von Fingerfertigkeit in einem bodenständigen Umfeld wagen wollen, müssen Sie selbst entscheiden.
Mit guten Tischmanieren ausgestattete Amerikaner praktizieren dieses Prinzip: Das Messer wird – solange es nicht benötigt wird – auf dem rechten oberen Tellerrand abgelegt.

Geflügel mit und ohne Besteck

Der Verzicht auf ein Messer bedeutet aber nicht, dass es ohne weiteres durch die Finger ersetzt werden darf. Natürlich drehen Sie im Biergarten den Schenkel Ihres Brat- oder Back-

hähnchens mit den Fingern ab und knabbern daran; das Zitronentuch ist die nonverbale Aufforderung dazu. Aber auch im eleganten Umfeld gibt es Zeichen für die Möglichkeit, die Finger zum Einsatz zu bringen. Da werden die Knochenenden mit Papiermanschetten versehen oder man stellt Ihnen eine Fingerbowl zur Verfügung: eine mit lauwarmem Wasser gefüllte Schale, in der zur Lösung des Fettes von Ihren Fingern ein Zitronenschnitz schwimmt. Sie wird von einer Serviette begleitet, an der Sie die gereinigten Finger abtrocknen, um die Serviette auf Ihrem Schoß zu schonen. Die brauchen Sie nämlich noch, während die Fingerschale nach dem Gang, bei dem sie zum Einsatz kam, abgeräumt wird.
Ein solches Zeichen bedeutet jedoch nicht, dass Sie jedes Geflügel mit den Fingern essen dürfen. So gilt sogar für Wachtelbrust und Hähnchenfilet: Finger weg! Diese zerteilen Sie – wie das bei Gans, Ente und Puter selbstverständlich ist –, mit Gabel und Messer. Trennen Sie durch einen keilförmigen Einschnitt entlang der Rückenmitte die Filets voneinander und entfernen Sie diese vom Skelett. Gehen Sie vorsichtig zu Werke. Ziehen Sie mehr als Sie schneiden, dann bleibt das Geflügelfleisch schön saftig. Reste kommen auf den dafür bereitgestellten Teller.

Tipp

Seit Kühlschrank und Vakuumverpackung die Haltbarkeitsdauer von Speisen verlängern, können Sie sich über die Regel, eine Weißwurst dürfe „das Zwölfuhrläuten nicht erleben“, hinwegsetzen. Sie essen sie wie die Einheimischen, indem Sie die Spitze anschneiden, die Wurst in die Hand nehmen, in süßen Senf tupfen und den Inhalt aus der Pelle lutschen („zutzeln“). Oder Sie schlitzen die Wurst der Länge nach auf und heben die Füllung mit dem Besteck heraus, mit dem Sie sie dann Stück für Stück verzehren.

32. Vitaminreiches Grünfutter

Je größer Ihr Geschick, desto gezielter und eleganter gehen Sie mit wenig Werkzeug um. Bedenken Sie aber, dass Eleganz und Praktikabilität sich nicht ausschließen müssen, sondern ergänzen können.

Salate und Gemüse – knackig und gesund

Kommen Blatt- und Gemüsesalate in mundgerechter Größe aus der Küche, reicht zum Verzehr die Gabel. Damit entsprechen Sie den internationalen Gepflogenheiten und der alten Regel, dass Sie Besteck vor der Oxidation bewahren sollen und deshalb Salat in Salatsoße nicht schneiden dürfen. Große Salatblätter zu falten wäre zwar eine buchstabengetreue, aber nicht sinngemäße Befolgung der Regel. Denn je länger Sie ein Silbermesser mit der in der Salatsoße enthaltenen Säure in Kontakt bringen, desto schneller läuft es an. Darum werden Ruccola, Chicoree, Radicchio oder Feldsalat geschnitten. Das Gleiche gilt für Beilagengemüse: Ist es leicht zu zerteilen, nehmen Sie dafür die Gabel, ist es knackig, helfen Sie mit dem Messer nach.

Spargel – mehr und weniger klassisch

Weißer Spargel als Vorspeise ohne Beilage wird am Ende der Stange mit einer Spargelzange oder mit drei Fingern gefasst. Kopf und Vorderteil werden mit der Gabel unterstützt und das Ganze zum Mund gehoben. Sie beißen stückweise ab und legen das Ende auf den Teller zurück. Ihre Fingerspitzen reinigen Sie in der bereitstehenden Wasserschale. Das ist die feine klassische Art.

Heutzutage dürfen Sie Spargel aber auch Stange für Stange links am Kopf beginnend schneiden, zumal im Hauptgang als Beilage. Bei dem knackigen und oft ungeschälten grünen Spargel ist das immer schon so gewesen.

Gewusst wie: die Artischocke

Als Teil eines Distelgewächses hat die Artischocke eine ganz eigene Architektur, der Sie jedoch, solange sie als junge Blüte roh oder eingelegt verzehrt wird, mit Messer und Gabel problemlos beikommen.
Bei den großen bretonischen und anderen gegarten Exemplaren geht das nicht, da brauchen Sie Ihre Finger: Sie stabilisieren die Artischocke mit Ihrer linken Hand auf dem Teller und zupfen mit Daumen und Zeigefinger der rechten Hand sukzessive die grünen Blütenblätter ab. An deren innerem Ende finden Sie eine fleischige Masse. Die dippen Sie in die auf Ihrem Teller oder einem individuellen Schälchen gereichte Soße, um sie dann mit den Schneidezähnen vom Blatt abzuziehen. Die harten Reste kommen auf Ihren Resteteller. Blatt für Blatt arbeiten Sie sich bis zu den pelzigen Staubgefäßen vor. Diese sind zwar nicht giftig, aber dennoch weder ess- noch genießbar und darum nicht zum Verzehr geeignet. Lösen Sie diese mit der Hand oder dem Messer vom Boden ab. Er ist das zarte Herzstück der Artischocke. Versehen Sie ihn mit Soße, ertränken Sie ihn aber nicht darin. Teilen Sie ihn mit der Gabel in der rechten Hand in mundgerechte Stücke oder etwas weniger anmutig, mit dem kompletten Besteck.

33. Eine runde Sache: Kartoffel und Kloß

„Wer einen Knödel zerschneidet, schneidet der Köchin ins Herz." Vielleicht sehen Sie die Sache nicht ganz so dramatisch wie der bayerische Volksmund, doch ist im Umgang mit dem Messer Vorsicht geboten.

Die einen essen Kartoffel und Knödel, um ohne viel tierisches Eiweiß satt zu werden, die anderen, um damit die Soße von Fleisch, Fisch und Pilzragout so richtig zu genießen.

Genießer schneiden nicht

Das Verbot, Kartoffeln zu schneiden, ist – wie das bei Salat und Ei – alt: Silbernes und weniger edles Besteck lief früher an und musste mühsam geputzt werden. Zur Erleichterung beschränkte man das Besteck daher auf die Gabel. Cromarganbesteck und Spülmaschine machen diese Einschränkung jedoch überflüssig. Dennoch bleibt der Genießer dabei: Er reißt von einer Kartoffel oder einem Knödel jeweils mit der Gabel ein mundgerechtes Stück ab. Über die im Vergleich zum glatten Schnitt vergrößerte Oberfläche kann die Speise atmen und somit an Aroma gewinnen, nicht anders als beim Wein. Vor allem aber vervielfacht dieses Verfahren die Aufnahmekapazität für Soße ...
Die logische Fortführung dieses Gedankens müsste in die Empfehlung münden, Kartoffeln und Knödel so weit zu zerkleinern wie nur eben möglich. Doch dem schiebt die Ästhetik einen klaren Riegel vor: Matschen/musen/kneten – oder wie immer die regionale Bezeichnung für dieses unansehnliche Prozedere auch lauten mag – ist verpönt.

Alternativen für Soßenfreunde

Für den Fall, dass Ihre Sättigungsbeilage – so der Fachbegriff für Kartoffeln und Co. – zum Aufnehmen von Soße nicht ausreicht, decken manche Lokale einen Gourmetlöffel ein. Sie können bei jedem Kellner einen Löffel anfordern oder Kartoffeln/Klöße/Nudeln/Reis nachbestellen. Ob Sie jedoch riskieren wollen, Brot in Ihre Soße zu tunken, hängt von Ihrem Mut und Umfeld ab. Geht es förmlich zu und Sie wollen nicht anecken? Üben Sie Verzicht! Sind Sie Genießer unter Genießern? Nur zu! Köche werten blank geputzte Teller nicht als schlechtes Benehmen, sondern als Kompliment.

Kartoffeln in anderer Form

Ungeschälte Beilagenkartoffeln sind meist so jung und klein, dass Sie die Schale mitessen können; vielleicht benötigen Sie aber ein Messer, um diese anzuschneiden, bevor Sie die Kartoffel genussfertig zerteilen.

Bei der Ofenkartoffel ist das anders. Sie wird in der Regel in Folie auf einem gesonderten Teller gereicht. Öffnen Sie mit den Fingern die Folie, schlitzen Sie mit dem Messer die Kartoffel auf, blättern Sie partiell die Schale ab. Geben Sie Crème fraîche darauf und heben Sie mit dem beigefügten Kaffeelöffel das Kartoffelfleisch aus der Schale heraus. Wird Ihnen kein Löffel gereicht, fragen Sie danach.

Tipp

Pommes frites, das sagen nicht nur Kinder, schmecken am besten mit den Fingern. An einem eleganten Tisch hat diese Form des Verzehrs aber natürlich nichts zu suchen. Sie werden mit einem Vorlegebesteck von der Platte oder von der Schüssel auf Ihren Teller transportiert. Nur wenn gar niemand hinschaut, können Sie direkt von dort eine naschen.

34. Für den letzten Gang

Bei üppigen Menüs gibt es zuerst einmal Süßspeisen (Entremets) wie Cremes und gebäckhaltige Speisen. Danach geht man zum Nachtisch (Dessert) über. Der umfasst Käse, Früchte, Kompotte und Eis.

Alles Käse?

Meist beschränken sich selbst Gourmets auf eines dieser Angebote oder essen höchstens, wie in Frankreich üblich, zum letzten Glas Rotwein den Käse und danach – vielleicht von einem Dessertwein begleitet – etwas Süßes. Lassen Sie sich beim Käsebrett oder im Lokal am Käsewagen ruhig zu mehreren Stücken verleiten, greifen Sie aber nie ein zweites Mal zu. Das würde nämlich so verstanden, als ob Sie mit den anderen Speisen nicht satt geworden seien.

Süßspeisen, Kompotte, Eis

Bei einem Stück Pâtisserie kommen Sie mit einer Dessertgabel aus, genau wie bei den meisten übrigen süßen Speisen. Dennoch wird in der Regel ein komplettes Dessertbesteck vorbereitet (→ 2. Welches Besteck wofür?). Streng genommen führen Sie nur die Gabel zum Mund, weniger streng genommen, entscheiden Sie, welches Teil Sie zum Mund führen und welches Sie zum Zerteilen und Schieben benutzen. Meist wird praktisch abgewechselt. Einzelne Kekse oder kleine Dekorationsfrüchte nehmen Sie in die Hand.

Süße Früchtchen — Obst

In Deutschland wird frisches Obst meist in informellem Umfeld gereicht und dort unkompliziert verzehrt. Äpfel, Birnen usw. werden geviertelt, eventuell geschält und mit der Hand in den Mund geschoben. Nur die Banane wird zuerst von Hand geschält und dann mit dem Besteck in Stücke geschnitten. Mandarinen und Apfelsinen werden nach dem Schälen von Hand zerteilt. Honigmelonen, Pampelmusen, Kiwis, Feigen und sogar Babyananas werden halbiert und ausgelöffelt. Bei der Ananas können Sie zuvor mit einem Obstmesser den Strunk vom Fruchtfleisch und das Fruchtfleisch von der Schale lösen. Üben hilft!

Wollen Sie einen Apfel, eine Birne oder einen Pfirsich wirklich mit dem Obstbesteck schälen, stabilisieren Sie die Frucht mit der Gabel auf dem Teller. Ziehen Sie die Haut beziehungsweise Schale mit dem Messer ab. Schneiden Sie dann senkrechte Scheiben ab, bis Sie ans Gehäuse beziehungsweise den Stein kommen. Führen Sie jene Stück für Stück mit der Obstgabel zum Mund.

Weintrauben werden portionsweise mit der Traubenschere oder zwei Fingern von der großen Traube abgetrennt und auf dem Teller von ihrem Stiel befreit. Nicht einzelne Trauben von der großen Rispe in der Obstschale abreißen! Werden Erdbeeren und Kirschen ausnahmsweise ungewaschen gereicht, steht eine Wasserschüssel bereit, in die Sie sie eintauchen und aus der Sie sie mit Gabel und Löffel herausfischen. Sie können sie gegebenenfalls in der Zuckerportion auf Ihrem Teller wenden, und ab in den Mund damit.

Tipp

Fachmännisch essen Sie die Käsesorten in aufsteigender Geschmacksintensität – den zartesten zuerst, den aromatischsten zuletzt. Der geschulte Kellner platziert die Sorten schon entsprechend im Uhrzeigersinn auf Ihrem Teller: auf ein Uhr liegt der mildeste, auf 12 Uhr der kräftigste. So können Sie zu Hause ein Käsebrett vorbereiten. Ihre Gäste werden Ihnen diese Orientierungshilfe danken.

35. Für danach: Kaffee und Digestif

Zur Abrundung eines Mahls gehört ein abschließendes Getränk ... oder auch zwei, je nachdem, ob Sie sich noch hinters Lenkrad setzen müssen. Für Genießer ist ohnehin das Taxi das Transportmittel der Wahl.

Verdauungsgehilfen

Zur Förderung der Verdauung sind Bitterstoffe von Vorteil, darum trinken Sie am Ende einer Mahlzeit Mokka, Espresso oder einfach eine Tasse Kaffee. Getränke mit hohem Milchgehalt eignen sich hier nicht. Natürlich wird Ihr Oberkellner nicht undiplomatisch die Nase rümpfen, wenn Sie Cappuccino oder Latte macchiato bestellen. Das übernehmen dann die anderen Gäste. Ein Tropfen Milch beeinträchtigt die Wirkung des Kaffees hingegen nicht. Nach dem Umrühren entfernen Sie den Löffel aus der Tasse. Keinesfalls ablecken! Und auch nicht pseudo-lässig den Henkel übersehen und die Tasse am Korpus anfassen.
Leckermäuler nehmen gern eine Praline oder bunte Gebäckstückchen (Mignardises) dazu. Diese müssen allerdings so klein sein, dass sie mit einem Bissen verzehrt werden können. Andernfalls stellen umsichtige Gastgeber Teller bereit. Um nicht ungebührlich die Finger ablecken zu müssen, sollten Sie Ihre Serviette noch bei sich behalten.

Hochprozentiges

Männer, die sich selbst als echte Kerle betrachten, trinken nach einem Essen gern ein Pils und einen Korn. Sie sollten dazu an einen Tresen wechseln. Zum elegant gedeckten Tisch passen edle Getränke besser. Aquavit und Wodka werden hier gerade noch geduldet.

Während die feinen Damen früher statt eines hochprozentigen Getränks einen Likör zu sich nahmen, greifen sie heute zu einem großen ausgereiften Portwein (Vintage Port) oder einem körperreichen Cream Sherry – wofür übrigens auch so mancher Herr zu begeistern ist. Ebenso wenig ist es ein Fauxpas, wenn Sie als Frau einen guten Brand bevorzugen.
Weinbrände waren eine Weile „out", nuancenreichen Cognacs – aus dem französischen Südwesten – sind aber wieder im Kommen. Ein paar Sterne und die Buchstaben V. S. (very special) auf dem Etikett wären gut, es dürfen ruhig mehr sein. Wollen Sie bei Ihren Gästen punkten? Servieren Sie ihnen einen V. S. O. P. (very special old pale) oder gar einen X. O. (extra old). Armagnac ist dem Cognac ebenbürtig. Doch auch andere Früchte sind die Basis für gute Brände. Ein Calvados aus der Normandie beispielsweise wird aus Äpfeln hergestellt; die Basis eines badischen, österreichischen oder elsässischen Obstbranntweins ist in seinem Namen enthalten: Birne, Himbeer, Kirsch, Mirabelle, Schlehe, Zwetschge. Was durch die Lagerung in Glas- oder Steingutbehältern – im Unterschied zu den in Holz aufbewahrten Bränden – klar und farblos bleibt, nennt man „Wasser". Alle außer den aus Getreide oder Kartoffeln hergestellten hellen Spirituosen werden temperiert – und nicht gekühlt! – getrunken.
Als In-Getränk gilt derzeit feiner, aromareicher Rum, je älter, je lieber, die Herkunftsregionen Australien und Afrika sind besonders chic. Whisky-Gourmets schätzen einen Single Malt, das Nonplusultra der schottischen Tradition.

Tipp

„Espresso oder Kaffee?" Wenn Gastgeber oder Kellner Sie so fragen, dürfen Sie notfalls um einen Tee bitten, niemals aber locker-flockig dagegenhalten: „Was haben Sie denn so auf Ihrem Digestifwagen?" Bleiben Sie als geladener Gast im vorgegebenen (Preis-)Rahmen.

36. Pannenhilfe: Wenn's im Halse stecken bleibt

Bleiben Sie, wenn Ihnen etwas nicht durch die Kehle gehen will, so ruhig wie eben möglich. Gelassenheit zahlt sich aus und hilft, die Sache schnell über die Bühne zu bringen.

Nicht essbar

Beim Filetieren Ihres Fisches wurde eine Gräte übersehen, in der Olive steckt ein Kern, in der Kirsche noch der Stein – es gibt keinen Zweifel: Damit Ihr Körper keinen Schaden nimmt, muss all das aus Ihrem Mund wieder entfernt werden. Ist das problematische Element auf dem Weg über die Gabel dorthin gelangt, spucken Sie es – nachdem Sie es mit der Zunge bei geschlossenen Lippen bestmöglich von seiner Umgebung getrennt haben – auf die Gabel zurück. Das geht logischerweise nicht, wenn Sie beim Empfang die Olive mit einem Spieß geangelt oder die Kirsche mit der Hand in den Mund geschoben haben. In diesem Fall spucken Sie das überflüssige Stück in Ihre linke Hand und entsorgen es auf Ihrem Dessertteller oder – beim Empfang – auf einem hierfür vorgesehenen Resteteller. Nicht in den Aschenbecher spucken! Natürlich wäre es schöner, Sie hätten eine Papierserviette bekommen, in der Sie das abgenagte Stück verstecken könnten.

Böse Überraschungen

Die Suppe ist heißer, das Fleisch zäher, das Gemüse salziger, als Sie dachten – dennoch lassen Sie bitte in Gesellschaft anderer nichts fallen wie die sprichwörtliche heiße Kartoffel. Bewahren Sie – außer bei heißem Öl, das Ihnen innere

Verbrennungen zufügen würde – Haltung und schlucken Sie das Ganze. Selbst Ekel erregende Dinge dürfen Sie nicht beliebig wieder loswerden. Stellen Sie eine einfache Rechnung auf: Sie ekeln sich vor der Speise; Ihre Tischgenossen würden sich vor dem Ausgespuckten ekeln; was ist schlimmer? Zumal Sie Ihren Ekel nicht mehr verhindern können, den der anderen aber sehr wohl. Das heißt aber nicht, dass Sie sich weiteren Ekel zumuten müssen: Lassen Sie die Speise von nun an einfach liegen. Diese Empfehlung gilt allerdings nicht für arme Länder, in denen sich Gastgeber um ein hohes Maß an Gastfreundschaft bemühen und keine Investition scheuen. Da muss dann notfalls sogar ein Schafskopf oder ein Stück Schlange sein.

Ein Fremdkörper im Hals

Ist Ihnen etwas Essbares in die Luftröhre gerutscht, geht der medizinische Befund vor Ästhetik und Gastfreundschaft. Halten Sie Ihre Serviette vor dem Mund und verlassen Sie den Speisesaal. Ob Sie dazu die Unterstützung einer anderen Person in Anspruch nehmen, hängt von der Schwere des Falles und Ihrer Rolle in der anwesenden Gesellschaft ab. Auf jeden Fall gilt auch hier: Störungen klein halten.

Tipp

Hat sich ein Tischgenosse verschluckt? Ein wohldosierter Schlag zwischen die Schulterblätter bei nach vorn gebeugtem Oberkörper sollte Abhilfe schaffen. Stellt sich keine Besserung ein, zögern Sie nicht, den Rettungsdienst zu verständigen. Vom so genannten Heimlich-Handgriff wird in der Ersten Hilfe aufgrund des hohen Verletzungsrisikos inzwischen abgeraten. Frischen Sie von Zeit zu Zeit Ihre Kenntnisse in Erster Hilfe auf. Das hilft Ihnen, in Situationen wie dieser die richtigen Maßnahmen zu ergreifen.

37. Cocktailparty und Empfang

Ob Empfang zum Firmenjubiläum, Cocktail zur Verlobung, Get-together nach Dienstschluss – hier sollen viele Menschen sich in kurzer Zeit begegnen können.

Darum finden solche Veranstaltungen im Stehen statt; darum ist Herumgehen angesagt; darum ist ein munterer Austausch erwünscht und ein hoher Grad an Lockerheit möglich – was die Fettnäpfchen-Gefahr deutlich erhöht.

Überlassen Sie nichts dem Zufall

- Finger-Food und Canapés sind nicht als Ersatz für eine komplette Mahlzeit gedacht. Halten Sie sich als Gast zurück; sehen Sie als Gastgeber für einen Empfang circa sechs Canapés pro Person vor. Wollen Sie jedoch einen Sättigungseffekt erzielen, brauchen Sie auf jeden Fall acht, für einen kleinen Umtrunk nur drei.
- Lassen Sie sich inspirieren. Beobachten Sie Profis beim Aufbau, merken Sie sich bei gelungenen Empfängen die Gestaltung von Platten und bauen Sie diese selbst nach. Besser noch: Lassen Sie sich helfen – von der Bankettabteilung des Hotels, von einem Caterer oder Ihren Freunden.
- Schwangere Frauen, kleine Kinder und ältere Leute können nicht ein oder gar zwei Stunden stehen. Umsichtige Gastgeber sehen Sitzgelegenheiten vor, nicht nur am Rande des Raumes, sondern als Inseln mitten im Geschehen.

„Freut mich, Sie kennen zu lernen"

Kontaktschwache Personen brauchen Geleitschutz. Ob als Gastgeber oder geladener Gast: Bauen Sie Brücken, machen Sie andere miteinander bekannt. Professionelle Hostessen

oder freundliche Familienmitglieder im Eingangsbereich helfen Ihnen, Ihre Gäste miteinander zu vernetzen.
Visitenkarten werden korrekterweise nur bei geschäftlich geprägten Anlässen wie einer Kongress-Party ausgetauscht. Wollen Sie im privaten oder festlichen Rahmen Ihr Netzwerk ausbauen, melden Sie dezent Interesse an einer weiteren Begegnung an. Reicht Ihr Gegenüber Ihnen seine Karte? Dann dürfen Sie die Ihre ebenfalls zücken. Andernfalls bitten Sie später den Gastgeber, den Kontakt für Sie herzustellen.
Es ist üblich, von Gruppe zu Gruppe zu wandern. Lassen Sie aber bitte nicht während einer Unterhaltung den Blick im Raum schweifen. Beenden Sie einen Kontakt fair und gehen Sie dann weiter.

Wohin mit den Händen?

Wissen Sie partout nicht, was Sie mit Ihren Händen anfangen sollen, oder neigen Sie zu Verlegenheitsgesten? Versuchen Sie, gezielte, auf den aktuellen Kontext bezogene Gesten zu finden. Solange Sie in ein angeregtes Gespräch verwickelt sind, stellt sich die Frage nach Ihrer Haltung und der Wirkung meist jedoch gar nicht. Dann unterstreichen Ihre Gesten Ihre Worte auf natürliche Weise. Während Sie einer Rede lauschen, ist die Frage ebenfalls hinfällig: Hören Sie einfach interessiert zu. Dann kommen Sie praktischerweise nicht in Versuchung, zu rauchen, zu tuscheln, zu essen oder zu trinken. Das alles wäre nicht *comme il faut*.

Tipp

Sie halten gerade ein Canapé in einer und ein Glas in der anderen Hand, da streckt Ihnen jemand seine Rechte zur Begrüßung hin. Er ist zwar nicht sehr aufmerksam, meint es aber wohl gut, düpieren Sie ihn also nicht. Strahlen Sie ihn an und halten Sie Blickkontakt, während Sie beide Dinge abstellen.

38. Gemütlich beisammen: Büfett & Co.

Der kulinarische Genuss ist Ihnen wichtig, wichtiger aber noch ist Ihnen, dass Ihre Gäste zusammenfinden? Lassen Sie Ihre Gäste miteinander um das Essen herum aktiv werden.

Selbst exquisit bestückte Büfetts können nicht an die formal durchdachte Eleganz eines von geschultem Personal dargebotenen Essens heranreichen. Dafür bietet es den Gästen eine größere Auswahl und Vielfalt sowie die Freiheit, vielen der Anwesenden persönlich zu begegnen. Vielleicht entscheiden Sie sich als Gastgeber für eine Mischform, lassen Suppe und Hauptgang servieren und bieten Vorspeise und Dessert vom Büfett an.

Der Aufbau eines Büfetts

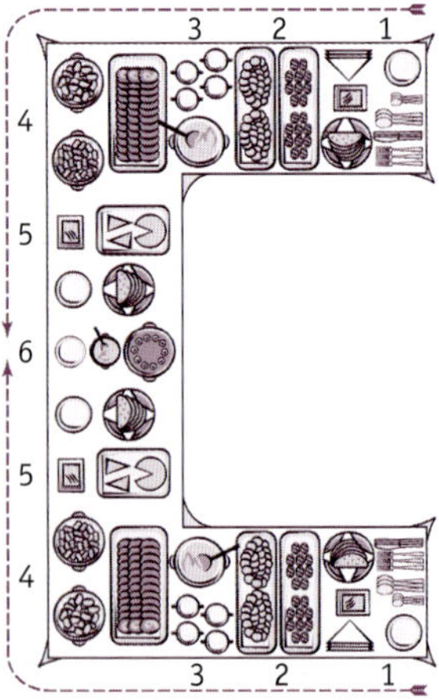

1 kalte Teller, Brot, Butter, Reserve an Besteck und Servietten

2 Vorspeisen und Salate

3 Suppentassen und Suppe

4 warme Fisch- und Fleischgerichte mit diversen Beilagen

5 Käse und hier wieder Brot und Butter

6 Desserts mit passenden Tellern

Das Miteinander bei Tisch

Umsichtige Gastgeber legen auf den Esstischen Menükarten aus, damit ihre Gäste sich bereits im Vorfeld über die Auswahl informieren können und gegebenenfalls am Büfett nur noch die Bereiche direkt in Augenschein nehmen, für die sie sich interessieren.

Als Gast schreiten Sie erst ans Büfett, wenn es vom Gastgeber offiziell eröffnet wurde. Gehen Sie nach dem olympischen Prinzip vor: Sie müssen nicht unbedingt der Erste sein! Und gehen Sie in Begleitung Ihrer unmittelbaren Tischnachbarn. Zwar dürfen Sie bei Ihrer Rückkehr vom Büfett mit dem Essen beginnen; doch wie viel netter ist es, sich aufeinander abzustimmen.

Ist Service-Personal im Einsatz, lassen Sie bei weiteren Gängen ans Büfett Ihr benutztes Geschirr auf dem Tisch stehen; im privaten Rahmen beobachten Sie die Gastgeber. Essen diese zwei Gänge vom gleichen Teller, wird das auch von Ihnen erwartet.

Rücksicht und Hygiene

Gerade wenn viele Menschen sich begegnen, sollten Sie Umsicht und Vorsicht walten lassen – wie schnell schert jemand aus der Schlange am Büfett aus, wie leicht ist etwas verschüttet. Und gönnen Sie weiteren Gästen den Anblick eines hübsch angerichteten Büfetts: Lassen Sie die Hauptdekoration auf den Platten liegen und wischen Sie unappetitliche Spuren der Selbstbedienung mit einer Serviette ab.

Derlei Tugenden kommen bei der Urform des Essens besonders zum Tragen, nämlich dann, wenn Sie um eine Feuerquelle herum ihre Speisen selbst zubereiten. Die Spielregeln für Fondue, Raclette, Brutzeln im Wok, auf dem Tischgrill oder auf dem heißen Stein sind alle den Prinzipien Sicherheit, Rücksicht und Hygiene geschuldet. Die Versuchung, die Wartezeit beim Garen der Speisen mit Alkohol zu überbrücken, sollte nicht in mangelnder Umsicht enden.

39. Feierlich: das Bankett

Ein Bankett ist oft, doch nicht unbedingt immer ein Festmahl, aber immer mit einem vorbestellten Essen in einem gesellig-gesellschaftlichen Rahmen verbunden.

Wer sitzt wo an welchem Tisch?

Verschiedene Tischformen bieten unterschiedliche Vorteile und Herausforderungen:

- Eine Vielzahl runder Tische erleichtert die Gruppenbildung, Sie brauchen dafür an jedem Tisch einen Repräsentanten der Gastgeberseite. Bei Hochzeiten hat es sich eingebürgert, dass das Brautpaar von Tisch zu Tisch wandert – eine nette Geste, die verhindert, dass sich manche Gäste benachteiligt fühlen. Um einem solchen Gefälle vorzubeugen, verzichten Sie in jedem Fall auf die Nummerierung der Tische. Benennen Sie diese mit Städte-, Länder- oder zum Anlass passenden Namen.
- Bei der länglichen I-Tafel haben die Gastgeber von zentraler Stelle aus den Überblick über und Einfluss auf die gesamte Gästeschar – bei Gruppen bis 30 Personen eine gute Wahl. Je näher ein Gast beim Gastgeber sitzt, desto wichtiger darf er sich fühlen. Überlegen Sie gut, wem Sie diese Wertschätzung entgegenbringen wollen. An den Kopfenden sind Kommunikationstalente zu platzieren, die die Gastgeber bei der Unterhaltung der Gäste unterstützen.
- Selbst eine größere Gästezahl kann an einer einzigen Tafel Platz finden, Sie brauchen nur eine Quertafel mit einer der Gruppengröße entsprechenden Anzahl von Schenkeln. Die Formen entsprechen den Großbuchstaben T, U, E oder einem Kamm. Der Nachteil: Manche der Gäste sitzen mit dem Rücken zu den Gastgebern.

Das Menü

Nicht jeder isst alles, was auf den Tisch kommt. Darum sollten Sie als Gastgeber bei der Wahl des Menüs den Gästekreis berücksichtigen, beispielsweise müssen Sie für Ihre Verlobungsfeier mit älteren Gästen aus konservativem Milieu nicht unbedingt ein asiatisch angehauchtes Finger-Food-Menü aussuchen. Darüber hinaus klären Sie am besten im Vorfeld grundsätzliche Einschränkungen der Speisenwahl ab (→ 15. Nein, meine Suppe ess ich nicht). Und beugen Sie drittens mit Menükarten auf den Tischen unliebsamen Überraschungen vor („Wenn ich geahnt hätte, dass es vor der Nachspeise noch Käse gibt!").

Tischkarten

Tischkarten helfen den Gästen bei der Orientierung und werden deshalb beidseitig beschriftet. Als Gastgeber sollten Sie Ihre Gäste im Vorfeld per Placement (eine Tafel mit der Sitzordnung) informieren. Besser noch: Sie stellen die jeweiligen Tischnachbarn einander vor und erläutern in ein, zwei Sätzen, was sie miteinander verbindet.

Im Familien- und Freundeskreis kann gegebenenfalls der Vorname reichen, in förmlichem Umfeld schreiben Sie – bitte von Hand (!) – entweder den vollständigen Vor- und Nachnamen oder „Frau/Herr" plus Name. Etwas mehr Platzierungsfreiheit bietet eine Liste der Tischgesellschaft in der Mitte des Tisches ohne konkrete Zuweisung eines einzelnen Platzes.

Tipp

Es wäre wirklich ein unverzeihlicher Fauxpas, wenn Sie als Gast anstelle des Ihnen zugewiesenen Platzes einen anderen einnähmen. Suchen Sie lieber den – positiven – Grund für Ihre Platzierung und machen Sie entsprechend etwas daraus!

40. Gut fürs Business: das Geschäftsessen

Zum Geschäftsessen wird gebeten, wenn über das reine Business hinaus Kontakte gepflegt werden sollen. Da kann leicht ein Anbieter zum Regisseur werden, wo sonst der Kunde das Sagen hat.

Sie haben ein Ziel

Was genau wollen Sie als Gastgeber bei dieser Zusammenkunft erreichen? Welches Bild von sich wollen Sie Ihren Gästen bieten? Und was gefällt diesen Personen überhaupt? Schließlich sollen sich Ihre Gäste rundum wohl und wertgeschätzt fühlen.

- Sehen Sie sich im Geschäftsalltag stets im dunklen Anzug zwischen Beton, Chrom und Glas? Warum nicht ein gemütliches Lokal und ein lässiges Outfit vorschlagen?
- Schwärmt der wichtigste Gast von deftigen Speisen? Dann geht ein Besuch des neu dekorierten Sternelokals völlig am Ziel vorbei.
- Hat er jedoch wiederholt geäußert, dass er mit seinen kleinen Kindern auf den Besuch eleganter Lokale verzichten muss? Dann allerdings ist das Sternelokal der richtige Ort!
- Ist er ein Fan der exotischen Küche? Dann probieren Sie mit ihm mal den neuen Vietnamesen um die Ecke, auch wenn Sie den selbst noch nicht getestet haben.

Informieren Sie das Restaurant über die Konstellation der Gäste und die Bedeutung des Essens für Sie.
Muss das Essen in einem Ihnen unbekannten Lokal stattfinden – zum Beispiel weil Sie einen Unternehmer in einer ande-

ren Stadt beraten –, bitten Sie den Gast um seine Empfehlung. Teilen Sie dem Restaurantleiter die für ihn möglicherweise ungewohnte Rollenverteilung mit: „Heute ist Herr Meier mein Gast!" Generell aber erkennt ein Kellner den Gastgeber bereits an der Tür: Der Gastgeber öffnet sie, betritt als Erster das Lokal um das Terrain zu sondieren, lässt dann seinen Gast/seine Gäste eintreten und schließt die Tür hinter ihm beziehungsweise ihnen wieder.

Laden Sie als junge Geschäftsfrau einen älteren Herrn ein, wird er möglicherweise versuchen, Ihnen das Heft aus der Hand zu nehmen: Ihnen den besten Platz anbieten, die Rechnung verlangen ... Wägen Sie ab: Fühlt er sich – vielleicht als Kavalier der alten Schule – in der Rolle des passiven Gastes unwohl, lassen Sie ihn gewähren. Wollen Sie auf keinen Fall die Zügel aus der Hand geben, machen Sie dem Kellner Ihre Rolle klar, notfalls unter vier Augen.

Kommunikation ist nicht alles ...

... doch ohne Kommunikation ist alles nichts. Würdigen Sie Ihre Gäste mit einer kleinen Tischrede; erläutern Sie, warum Sie ausgerechnet dieses Lokal ausgesucht haben, warum Sie gerade diese Weine empfehlen und wie sehr es Ihnen gefällt, die Beziehungsebene zu festigen. Behalten Sie im Tischgespräch bei Themenwahl und Wertungen Ihr Ziel im Auge. Sie können sich dabei persönlich näher kommen, ohne in Privatem zu stochern.

Tipp

Während Sie sich beim Business-Lunch mit Wasser oder einem Glas Wein aus der Affäre ziehen können, geht das am Abend nicht. Zügeln Sie jedoch Ihren Alkoholkonsum. Eine gute Stimmung und ein nüchterner Kopf schließen einander nicht aus. Das (Geschäfts-)Leben geht am nächsten Morgen weiter!

41. Pannenhilfe: Gäste außer Rand und Band

Als Gastgeber sind Sie Intendant und Regisseur und oft sogar Requisiteur und Kulissenschieber in einem. Was aber, wenn die Schauspieler sich nicht an das Drehbuch halten?

Vier prekäre Situationen

1. Wer ohne Zwischenbescheid zu spät kommt, darf nicht erwarten, dass Sie mit dem Essen auf ihn warten. Bleiben Sie freundlich, gehen Sie der Person entgegen, geleiten Sie sie zu ihrem Platz, ohne dass sie den anderen Gästen die Hand reichen kann. Bieten Sie ein Getränk an, wirbeln Sie aber die Service-Abfolge nicht durcheinander.
2. Kurzfristige Absagen sind ein Ärgernis, lassen Sie Ihre Gäste Ihren Unmut aber nicht spüren. Mischen Sie die Tischordnung neu, bestellen Sie überflüssige Portionen ab. Oder bitten Sie einen guten Bekannten, Ihnen mit der Annahme Ihrer kurzfristigen Einladung zu helfen.
3. Kommt nicht – geht nicht? Für manche leider doch! Fragen Sie einen „no show“ bei nächster Gelegenheit wohlwollend nach dem Grund seines Fernbleibens. Streichen Sie ihn bei einer fadenscheinigen Entschuldigung von Ihrer Gästeliste.
4. Wer früher gehen muss, darf eher mit Verständnis rechnen. Straßenbahnfahrpläne, Prüfungen und bereits wartende Babysitter sind schlüssige Gründe dafür. Geleiten Sie den Gast zur Tür, verhindern Sie, dass er die Aufmerksamkeit der gesamten Tischrunde auf sich zieht, schließen Sie die Lücke an der Tafel, indem Sie seinen Stuhl entfernen und die verbleibenden Gäste zusammenrücken lassen.

Keine Zeit für Streit

Ziel Ihrer Einladung sollte das größtmögliche Vergnügen einer größtmöglichen Anzahl von Gästen sein. Das kann Ihnen ein hohes Maß an Fingerspitzengefühl abverlangen. Zum Beispiel wenn ein Gast

- zu leger gekleidet erscheint: Borgen Sie ihm wenn möglich Krawatte und Jackett.
- zu einem gesetzten Essen eine nicht eingeladene Person mitbringt: Lassen Sie ihn eine Lösung vorschlagen.
- wiederholt telefoniert: Bieten Sie ihm dezent an, den Tisch für eine Weile zu verlassen und alle notwendigen Telefonate am Stück zu erledigen, so dass er das Handy danach ausschalten kann.
- während des Essens raucht: Öffentlicher Tadel würde Ihnen schlecht zu Gesicht stehen. Gehen Sie zu ihm, bieten Sie ihm an, auf Balkon oder Terrasse zu rauchen.
- zu viel Alkohol trinkt: Fordern Sie den Kellner auf, den Alkohol-Nachschub zu drosseln. Bitten Sie eine ihm vertraute Person, ihn zur Raison zu rufen.
- laut wird: Lenken Sie das Gespräch weg von dem Thema, das ihn erregt. Kommt er penetrant darauf zurück, bitten Sie ihn mit freundlichen Worten vor die Tür. Appellieren Sie an ihn, Sie bei Ihren Bemühungen um einen harmonischen Ablauf zu unterstützen.

Tipp

Teilen Sie rechtzeitig Anlass, Ort und Beginn, gegebenenfalls die Dauer der Veranstaltung mit. Geben Sie den Umfang von Verpflegung und Unterhaltung („Abendessen mit Tanzeinlage“) sowie die gewünschte Kleiderordnung bekannt. Bitten Sie um schriftliche Rückmeldung. Holen Sie bei langem Vorlauf kurzfristig die telefonische Bestätigung ein.

42. Das Speisekarten-ABC

Genuss entsteht durch Geschmack – und wird durch das genaue Wissen um das, was Ihnen im weiteren Verlauf geboten wird, vorbereitet.

Vorneweg

- Feuilleté: Gebäckstück aus Blätterteig (je nach Füllung auch zur Nachspeise)
- Foie Gras: Gänseleber
- Galantine: Rollpastete aus Fleisch oder Fisch
- legiert (für Suppe oder Soße): mit Eigelb und Sahne gebunden
- Nizzaer Art: mit Tomaten, Knoblauch, Oliven und Sardellen
- Parfait: Feinkosterzeugnis, bei dem eine feine Farce mit Zutaten, beispielsweise Gänseleber und Aspik, vermengt wird (→ Danach)
- Straßburger Art: (Wurstsalat) mit Käsestreifen (siehe auch Hauptspeisen)
- Terrine: eingemacht, zum Beispiel Terrine de Foie Gras: Gänseleberpastete

Hauptspeisen

- Baden-Baden: mit Wildrahmsoße, halbierter pochierter Birne, die mit Preiselbeeren oder Johannisbeergelee gefüllt ist
- Bourguignon: mit Rotwein nach Burgunder Art (Fondue Bourguignonne: Fleischfondue)
- braisiert: geschmort
- Concassé: grob zerkleinert, zum Beispiel Tomaten
- Farce: Füllung aus Fleisch, Fisch oder Gemüse
- Fleuron: ungesüßter kleiner Halbmond aus Blätterteig
- Florentiner Art: mit Blattspinat und Mornay-Soße
- Försterin Art: mit Morcheln, Speck und Nusskartoffeln

- Frühlings-Art: mit jungem Gemüse
- Gärtnerin Art: mit frischem Gemüse umlegt, holländische Soße
- Hubertus: mit Wildbret
- Müllerin Art: in Mehl gewendet, mit Butter und Zitronenscheiben
- Normannische Art: mit Sahne und Calvados, Apfelwein und/oder Äpfeln
- Pommes allumettes: sehr dünn (wie Streichhölzer) geschnittene Pommes frites
- Pommes Dauphine: Kartoffelkroketten
- Pommes Duchesse: im Ofen gebratene Kartoffelkroketten
- Pommes Macaire: in der Pfanne gebräunte Kartoffelküchlein
- Pommes rissolées/Pommes sautées: Bratkartoffeln
- Pommes vapeur: Salzkartoffeln
- Rossini: mit Gänseleber und Trüffeln
- Sauce Périgueux: mit schwarzen Trüffeln aus dem Périgord
- Schlosskartoffeln: olivenförmig geschnittene und in Butter gebratene Kartoffeln
- Straßburger Art: mit Gänseleber und Sauerkraut
- Suprême: das beste Stück zum Beispiel von der Poularde
- Tournedos: kleine Scheibe vom Rinderfilet
- ungarisch: mit Paprikasoße
- Vichy: mit Karotten garniert
- Wellington: in Blätterteighülle mit Trüffelsoße

Danach

- Charlotte: gebackener Obstpudding mit Früchten
- Crêpes Suzette: am Tisch flambierte Crêpes
- Eclair: längliches gefülltes Brandteiggebäck
- Mignardises: Feingebäck zum Kaffee
- Parfait: Halbgefrorenes aus Eigelb, Sahne, Fruchtsaft usw.
- Petits fours: kleine, bunt verzierte Gebäckstücke
- Sabayon: Weinschaum
- Soufflé: Auflauf
- Surprise: Überraschung

43. Weinetiketten leicht gelesen

Ein Weinetikett gibt dem sachkundigen Leser Hinweise auf Herkunft und Qualitätsstufe des Weines.

Deutsche Weine

Dem Weingesetz zufolge sind deutsche Weine nach steigender Qualität klassifiziert in:

- Deutscher Tafelwein
- Landwein
- Qualitätswein bestimmter Anbaugebiete (QbA)
- Qualitätswein mit Prädikat (QmP): Diese tragen entsprechend ihrem natürlichen Zuckergehalt weitere Zusätze in steigender Reihenfolge: Kabinett, Spätlese, Auslese, Beerenauslese, Trockenbeerenauslese, Eiswein

Entsprechend gibt ein deutsches Etikett Auskunft über:

- Alkoholgehalt (zum Beispiel 13,2 %)
- Amtliche Prüfnummer
- Anbaugebiet (zum Beispiel Deutschland: Baden)
- Erzeuger (zum Beispiel Weingut Nägelsförst)
- Flascheninhalt/Menge (meist 0,7 l)
- Geschmack (zum Beispiel trocken/halbtrocken)
- Lesejahr (zum Beispiel 2004)
- Qualitätsstufe (zum Beispiel Kabinett)
- Rebsorte (zum Beispiel Riesling)

Ausländische Weine

Obwohl die Bezeichnungen im Ausland den deutschen ähneln, entsprechen sie ihnen nicht genau. In Frankreich finden Sie, in steigenden Qualitätsstufen:

- Vin de Table

- Vin de Pays
- Vin Délimité de Qualité Supérieure (VDQS)
- Appellation d´Origine Contrôlée (AC, AOC): Nur bei der Angabe *appellation + Ort + contrôlée* (AO/AOC, Bezeichnung geprüfter Herkunft) stammt der Wein hundertprozentig aus der genannten Region.
- Ein *grand cru* ist immer ein erstklassiger Wein, ein *premier grand cru classé* ein Spitzenwein. Die Angabe *mis en bouteille au château* bedeutet Erzeugerabfüllung.

Italienische Weine sind in steigender Qualität so klassifiziert:
- Vino da Tavola
- Vino da Tavola con Indicazione Geografica
- Vino Tipico
- Denominazione di Origine Controllata (DOC)
- Denominazione Controllata e Garantita (DOCG): Ein DOCG-Wein ist vom Erzeuger oder einer anderen haftbaren Person abgefüllt und mit einem staatlichen Siegel verschlossen.

Die Qualitätsstufen der spanischen Weine lauten:
- Vino Corriente, Vino de Pasto, Vino de Mesa
- Vino de la Tierra
- Denominación de Origen (DO): Das Prädikat DO entspricht zwar der französischen AOC oder der italienischen DOC, bedeutet jedoch keine Qualitätsgarantie.
- Denominación de Origen Calificada (DOCa): 1988 als Verschärfung der DO-Bestimmungen eingeführt. Die DOCa-Weine dürfen nur als Erzeugerabfüllungen in den Verkehr gebracht werden.

Der Zusatz *Reserva* weist bei spanischen Weinen auf mindestens ein Jahr Fassreife und zwei Jahre Flaschenreife hin. *Gran-Reserva-Weine* sind zwar zwei Jahre im Fass und drei Jahre in der Flasche gereift, doch manchmal aufgrund schlechter Lagerung fehlerhaft. Am besten kaufen Sie diese Weine nur im guten Fachgeschäft.

44. Vier Gebote feiner Tischmanieren

Im Grunde lassen sich die Empfehlungen für ein angenehmes Miteinander bei Tisch zu vier Geboten zusammenfassen.

1. Gebot: Bewahren Sie anderen die Freude am Essen.

Essen Sie stets so, dass Ihre Tischmanieren Ihren Zuschauern nicht den Appetit verderben. Dazu gehört:

- Speisen bei aufrechter, nicht steifer Haltung zum Mund zu führen
- nur mit leerem Mund zu sprechen
- die Serviette zu benutzen
- Besteck, Finger, Gläser und Tassen sachgemäß zu benutzen
- Verantwortung für (zu Recht gelangweilte) Kinder zu übernehmen

2. Gebot: Gemeinsam essen heißt miteinander teilen.

Zwar teilen wir das Brot heute bei Tisch nicht mehr miteinander, jedoch ist es weiterhin verpönt, rücksichtslos auf seinen eigenen Vorteil bedacht zu sein.

- Setzen Sie sich nach Absprache oder auf Anweisung gemeinsam an den Tisch. Beginnen Sie jeden Gang gemeinsam und beenden Sie ihn gemeinsam.
- Bedienen Sie sich nicht als Erster. Bieten Sie Ihrer Nachbarschaft an, was Sie selbst brauchen: Brot, Butter, Salz, Wasser …
- Legen Sie aus hygienischen Gründen nichts auf die Tischdecke.
- Rauchen Sie nur nach Absprache und niemals während eine andere Person isst.

- Lassen Sie Ihren Nachbarn genügend Bewegungsfreiheit, greifen Sie nicht in ihr Revier.
- Hinterlassen Sie Platten und Schüsseln auch am Büfett in einem dekorativen Zustand.
- Telefonieren und Fernsehen bei Tisch sind verpönt.

3. Gebot: Der Gastgeber führt Regie.

Gäste locker lenken – diese Kunst sollten Sie beherrschen, in Ihrem Haushalt wie im Restaurant. Wichtig ist:

- Seien Sie großzügig. Erweisen Sie sich selbst dann nicht als kleinlich, wenn ein Gast sich leicht verspätet oder selbst ein zusätzliches Getränk bestellt.
- Geben Sie im Vorfeld den Rahmen Ihrer Einladung bekannt und teilen Sie Ihre Kleidungsempfehlungen mit.
- Wenn Gäste nörgeln, andere tadeln, streiten oder sich betrinken, bitten Sie diese so diskret wie möglich – gegebenenfalls unter Mithilfe eines Dritten – um Mäßigung.
- Gehen Sie mit den Service-Mitarbeitern genauso um wie mit Ihren Gästen.
- Bewahren Sie Ruhe, immer!

4. Gebot: Ein Gast hat Rechte, aber auch Pflichten.

Die Einstellung „Nimm, was du kriegen kannst" ist ein schlechter Ratgeber. Befolgen Sie die Spielregeln.

- Halten Sie sich an Angebote und Empfehlungen. Zeigen Sie guten Willen sogar bei unbekannten und ungeliebten Speisen, Getränken ... und Tischnachbarn.
- Kosten Sie von allem und beteiligen Sie sich aktiv an der Unterhaltung.
- Halten Sie sich an den vorgegebenen Rahmen: bei der Kleiderordnung, bei den Zeiten, bei der Platzierung.
- Benehmen Sie sich so, wie Sie sich das von den anderen Gästen erwarten.
- Im Fall einer Panne sorgen Sie für Abhilfe und gegebenenfalls für Entschädigung.

45. Adressen/Bücher, die weiterhelfen

Internetadressen, die weiterhelfen

www.bonneau.de
Elisabeth Bonneau, die Autorin dieses Buches gibt Seminare zu Umgangsformen, Business Etikette, Smalltalk, Gesprächsführung und Rhetorik.

www.brenners.com
Art culinaire: Kochkurse mit anschließendem Dinner am Chef's Table für Erwachsene bei Küchendirektor Rudolf Pellkofer in Brenner's Park-Hotel & Spa.

www.drk.de
Internetseite des Deutschen Roten Kreuzes. Hier finden Sie allgemeine Informationen zum Thema „Erste Hilfe" sowie Lehrgangsangebote in Ihrer Nähe.

www.knigge-rat.de
Der Deutsche Knigge-Rat ist eine unabhängige Verbindung von Experten, die das Thema „Renaissance der Werte – Moderne Umgangsformen" praktisch, ideell und kontrovers diskutieren. Neuigkeiten vom Knigge-Rat auf der Homepage.

www.minikoeche.de
Kinder zwischen 10 und 12 Jahren werden für das Thema richtige Ernährung in einer intakten Umwelt sensibilisiert.

www.tischwelt.de
Versand für Geschirr, Gläser, Bestecke. Guter Überblick und zahlreiche Links zu Händlern und deren Kollektionen.

www.vdp.de
Der Verband der Prädikatsweingüter (VDP) bietet stets aktuelle Informationen zu Prädikatsweinen.

Bücher, die weiterhelfen

Bücher der Autorin

- *300 Fragen zum guten Benehmen*. Gräfe und Unzer, München
- *Erfolgsfaktor Smalltalk*. Gräfe und Unzer, München
- *Gastgeber-Knigge*. Gräfe und Unzer, München
- *Mini-Knigge*. Gräfe und Unzer, München
- *Smalltalk*. Gräfe und Unzer, München
- *Spaghetti, Jeans & gute Sprüche: Knigge für Kids*. Heinrich Ellermann, Hamburg
- *Stilvoll zum Erfolg*. Hoffmann und Campe, Hamburg

Weiterführende Literatur

- Fox, Sue/Cunningham, Perrin: *Business Etiquette for Dummies*. IDG Books, Foster, CA, USA
- Hain, Gerhard/Engelbert, Sonja: *Auslands-Knigge*. Gräfe und Unzer, München
- Hartmann, Michael: *Der Mythos von den Leistungseliten*. Campus Verlag, Frankfurt/Main
- Hirschfelder, Gunther: *Europäische Esskultur*. Campus Verlag, Frankfurt/Main
- Johnson, Hugh. *Der kleine Johnson*. Hallwag, München
- Johnson, Hugh: *Der kleine Johnson 2006*. Hallwag, München
- Johnson, Hugh/Robinson, Jancis: *Der Weinatlas*. Hallwag, München
- Rupprecht-Stroell, Birgit: *Auslandsknigge*. Gräfe und Unzer, München
- Rupprecht-Stroell, Birgit: *Job-Knigge*. Gräfe und Unzer, München
- von Paczensky, Gert/Dünnbier, Anna: *Kulturgeschichte des Essens und Trinkens*. Albrecht Knaus Verlag, München
- Witt, Ute: *Ess- und Tisch-Knigge*. Gräfe und Unzer, München
- Wolff, Inge: *Anti-Blamier-Knigge*. Gräfe und Unzer, München
- Wolff, Inge: *Knigge im Job*. Gräfe und Unzer, München
- Zirfas, Jörg: *Vom Zauber der Rituale*. Reclam Verlag, Leipzig

Hinweis

Die Beiträge in diesem Buch sind sorgfältig recherchiert und entsprechen dem aktuellen Stand.
Abweichungen, beispielsweise durch seit Drucklegung geänderte Preise, Gebühren, Anlageentwicklungen, WWW-Adressen etc. sind nicht auszuschließen.
Weder Autorin noch Verlag können für eventuelle Nachteile oder Schäden, die aus den im Buch gegebenen praktischen Hinweisen resultieren, eine Haftung übernehmen.
Die hin und wieder erscheinende männliche Form ist, wenn nicht anders präzisiert, als geschlechtsneutraler Kollektivbegriff für Frauen und Männer gemeint.

GRÄFE UND UNZER VERLAG, Redaktion Leben & Lernen
Grillparzerstr. 12, 81675 München

Programmleitung: Steffen Haselbach
Leitende Redaktion: Anita Zellner
Redaktion: Esther Szolnoki
Lektorat: Andreas Kobschätzky

Titelillustration: Isabelle Follath/if illustration
Umschlag und Gestaltung: independent Medien-Design
Herstellung: Bettina Häfele
Satz: Filmsatz Schröter, München
Repro: Penta, München
Druck und Bindung: Druckerei Auer, Donauwörth

ISBN (10) 3-7742-8854-2
ISBN (13) 978-3-7742-8854-6

Aufl.	5	4	3	2	1
Jahr	2010	09	08	07	06

GRÄFE UND UNZER

Ein Unternehmen der
GANSKE VERLAGSGRUPPE